图书在版编目（CIP）数据

这样陪孩子阅读才有效 / 王莉，何蔓著. -- 北京：作家出版社，2023.7

ISBN 978-7-5212-2334-7

Ⅰ.①这… Ⅱ.①王… ②何… Ⅲ.①亲子教育 - 通俗读物 Ⅳ.①G781-49

中国国家版本馆CIP数据核字（2023）第102215号

这样陪孩子阅读才有效

作　　者：王莉　何蔓
责任编辑：郑建华　李雯
装帧设计：尚書堂·尚歆 BOOK DESIGN 13261351222
出版发行：作家出版社有限公司
社　　址：北京农展馆南里10号　　邮　　编：100125
电话传真：86-10-65067186（发行中心及邮购部）
　　　　　86-10-65004079（总编室）
E-mail:zuojia@zuojia.net.cn
http://www.zuojiachubanshe.com
印　　刷：唐山嘉德印刷有限公司
成品尺寸：165×240
字　　数：141千
印　　张：10.75
版　　次：2023年7月第1版
印　　次：2023年7月第1次印刷
ISBN 978-7-5212-2334-7
定　　价：42.00元

作家版图书，版权所有，侵权必究。
作家版图书，印装错误可随时退换。

目录

1	孩子多大可以阅读整本书？	*001*
2	如何给孩子挑选阅读书籍？	*006*
3	不同年龄的孩子读什么样的书适合？	*011*
4	孩子阅读时需要陪伴吗？	*018*
5	如何养成阅读习惯？	*022*
6	在哪里读书最好？	*030*
7	读漫画书是阅读吗？	*034*
8	尊重孩子，是不是最好的选择图书的方式？	*039*
9	有没有快速阅读的窍门？	*045*
10	每天阅读多长时间为佳？	*050*
11	有推荐的阅读书目吗？	*057*
12	为什么我的孩子不爱读书？	*062*
13	阅读需要正确的姿势吗？	*070*
14	听书是不是读书？	*074*
15	爱阅读和成绩好成正比吗？	*079*
16	多买书孩子就会爱读书吗？	*089*
17	如何设置孩子的书架？	*095*
18	孩子的藏书需要淘汰吗？	*102*

19	阅读电子书和纸质书有差别吗？	*109*
20	让孩子做读书摘抄好不好？	*115*
21	家长不爱读书，孩子爱读书的可能性有多大？	*120*
22	养成阅读的习惯需要多久？	*127*
23	书包里需要装一本课外读物吗？	*136*
24	为什么孩子喜欢反复阅读一本书？	*140*
25	男孩和女孩的阅读差异有哪些？	*146*
26	怎样鼓励孩子坚持阅读？	*151*
27	为什么读了很多书，还是不会写作文？	*156*
28	为什么读了很多书，阅读考试的成绩却没有提升？	*162*

1 孩子多大可以阅读整本书？

孩子多大可以开始阅读整本书？

关于这个问题很多家长都十分关心。找我咨询的家长朋友，有些宝宝还在妈妈的肚子里，就开始问我：王老师，孩子多大就可以训练他看书了？这样的家长我必须要给他点个大大的赞，首先家长在思想意识里有了明确的认识，要培养一个高素质的孩子，必须培养良好的阅读习惯。阅读不仅是一种学习能力，也不仅仅是我们要达到某种知识学习目的的行为，喜爱阅读本身就是一种文化素养高的体现。

古人云：书中自有黄金屋。可见读书可以给人带来很多的财富。这种财富不仅仅是物质上的，更多是精神上的。孕妈妈沉浸在对未来宝宝的期望中，她每日畅想着自己腹中孩子的未来，这是多么美好而幸福的时刻呀！

还有一类妈妈是孩子已经很大了，甚至上了小学四五年级，也会问我这个问题，我的孩子多大可以进行整本书的阅读训练。四五年级的孩子——十来岁左右——怎么可以说是"很大"呢？如果相对于其他本领的学习，比如打篮球、游泳、唱歌等也许还小。可是对于阅读来说就是"很大"了。与其说阅读是一种行为，不如说它是一种习惯。

习惯是什么？它是由熟悉而适应，它是长时期养成的不易改变的行为、倾向、生活方式、社会风尚等。我们要注意的是，无论是动词属性的阅读，还是名词属性的阅读，都强调了习惯的漫长性，也就是习惯需要一个长时间的培养、训练才可以养成。

现在很多家长都有自己对孩子的教育梦想和教育追求，在孕育宝宝的时候，就开始对孩子一生进行合理规划。我只是一名老师，不是人生规划师，问到我问题的家长，都是站在使孩子在学习期间达到优秀或者潜能得到最大开发的角度，也就是说，给我提出这个问题的家长，他们给我设置的最长时间线是孩子完成自己所有能够完成的学业：最高是博士，大部分年龄在三十岁左右；而更多的是完成本科的学习，也就是年龄大约在二十二岁左右。从出生起，总共有二十二年，从十岁到二十二岁，是十二年，就是还有百分之五十的时间。

我开的是电动汽车，每次电量显示剩余四五十公里我就开始紧张，担心自己的下一次行程过远，电量不足不能顺利到达，所以一定要提前充电。我相信有我这种心理暗示的人一定很多，比如家里用的洗发液，还剩下半瓶的时候，就会采购新的，以备不时之需，这是人的一种自我保护的应急反应。所以，家长着急的心情我能理解。

多大就可以进行整本书的阅读呢？我个人的观点，没有一个科学、合理、准确的年龄点，只是能告诉您：越早越好。早到孩子还在妈妈的身体里。作为准妈妈，除了可以听一些放松的音乐，也可以给自己的宝宝读书，让孩子从小就在这种环境里成长。当然对一个胚胎进行这种早教到底可以获得多少效果，每个育儿专家的观点不同。有的专家认为会对孩子起到很好的启发作用，有的专家认为作用不是很大，我更偏向第一种。我是一名母亲，我深深地记着我的孩子在我肚子里和我交流的那种感受，他出生时那种迷茫的小眼神，我坚信，他已经对我很熟悉了。因为他在我肚子里的时候，我们就已经进行了很久的交流，我们是故友。

孩子出生后,我们也可以对孩子进行阅读训练。就在前不久我无意中惊喜地发现,幼儿期孩子的成长环境可以给予孩子无限的力量。

我有一个好朋友,她恰巧和自己的侄子媳妇基本上同时生育了孩子。两个孩子相差不到两个月。两个家庭居住在同一个小区、同一幢居民楼,只是楼门不同,就连楼层基本都一样。两人都是二宝妈妈。一家大宝上小学四年级,另一家大宝上小学二年级,均是男孩。朋友家的男孩比较淘气,在小的时候无意中把电视机打坏了,妈妈看孩子要上学了,也不想让他看电视,就没有再次购置电视机,老大在没有电视机的环境下开始了上学的时光。老二在没有电视的环境下出生。家里总是需要一些烟火气的,总是需要一些热热闹闹的东西,妈妈就在二宝一出生的时候,开始给二宝听故事、听音乐,二宝在几个月的时候,就对声音格外地敏感,她会根据不同的声音有不同的表现,或兴奋或安静。当二宝长到七八个月的时候,只要妈妈给她听故事,她就是一副非常安静的神态,似乎非常用心地聆听。到了将近一岁的时候,她很喜欢抱着故事机弄来弄去,只要出了声音她就不再发出不和谐的声音;现在刚满两岁的她,听到音乐会手舞足蹈,听到故事会耐心聆听。只要看到书,就会翻来翻去。妈妈或者哥哥给她读书的时候,她虽然不能做到老老实实地在旁边坐好,但是表现出很安静的样子,也喜欢用小手去拨弄书籍。

而朋友侄子的孩子,因为妈妈喜欢看电视,家里没有音乐陪伴,孩子从出生到目前的两岁多,就是在正常的吃喝拉撒中安逸地度过每一天。孩子发育得很健康,每次我去家里做客,还会主动拉我的手,欢迎我来家里。很多次我发现,家里哥哥的书丢在沙发上,丢在桌子上,二宝也会好奇地去摸,去翻,但是注意的时间短,没有表现出强烈的喜爱。翻几下就会寻找另一本书籍。我给他有意识地用手机播放的故事,他也会表现出一定的好奇心，但是热度也只有三分钟，很快就会被其他声音所吸引。

通过这组对比试验，我们不难发现，给婴儿期的孩子播放故事类的音频文件，不仅可以培养孩子对于声音的喜爱，还可以潜移默化地帮他们养成对长时间声音的专注，只要是外界给予这种声音的，就会第一时间吸引他的注意力。如果用播放器播放故事，孩子就会对播放器感兴趣，如果是妈妈给孩子读故事，孩子就会对图书产生兴趣。而这种间接地通过声音引发孩子对阅读的兴趣的方法，可以达到对孩子进行懵懂阶段的阅读训练的目的。因为可以做到相对长时的注意，孩子就会对"书"这一"声音"的载体产生兴趣，从而借助他人的力量进行整本书的阅读。

所以，我对"孩子多大可以开始整本书的阅读"这个问题的回答是：孩子在妈妈肚子里就可以开始阅读了。当然这是最早的，也是最好的时间。那么孩子自己有意识地阅读书籍，到底多大就可以了呢？

我的孩子四岁之前是和外婆一起生活的，四岁后因为要上幼儿园，才和我们夫妻一起生活。我们自己的小家实在太小了，仅有九平方米的房间，放下一大一小两张床已经是个巨大的工程了，还要解决一家人的吃喝、娱乐问题，估计很多人都想象不出来，也正是这种生活空间的狭小，意外地让我收获了培养儿子阅读习惯的财富。我家地处北京最繁华的东四大街，距离王府井书店不远，我和先生每天吃完晚饭，就带着儿子去书店蹭空间。四岁的儿子在王府井书店殿堂一样的空间里自由穿梭，书店里除了站着或坐着的阅读者和高大坚硬的书架外，就是数都数不清的图书。也是在那里，我才知道书真的是最美的艺术品，不仅仅是它的内容让人陶醉，它漂亮的封皮、精美的插图，都让人赏心悦目。

我猜想儿子喜欢上阅读，起初并不是因为文字，因为那个时候的他认识的字实在有限，无法完成一句话完整的阅读。是图书插图的精美，书籍形式设计的有趣性，书里的内容对他这个宝宝的吸引力，让他爱上了书。他最先喜欢的书是迷宫书。四岁后随着识字量的增加，儿子开始对书越来越着迷，一直到现在，书都比电视对他更有吸引力。

我想我已经很好地回答了各位家长的问题。孩子多大可以开始培养他们进行整本书的阅读，理论上是越早越好，但是要结合个人实际情况。有一句古人家训：做什么事，只要想做，什么时候都不晚。此时此刻，开始让自己的孩子阅读吧！

2 如何给孩子挑选阅读书籍？

"如何给孩子挑选阅读书籍？"这个问题被家长们反复问及，实际上，我很难给出标准答案。

有一定文化基础的人，一生至少会看过一本书。我小时受家庭条件的限制，看的书并不多。七十年代出生的北京人，虽说温饱解决了，但是高质量的精神生活的满足还是很困难的，所以读书也是一种奢望。也正是因为如此，限制了我在最好的年龄、用最有效的方法读书。我进入初中后，市面上开始出现了租借书亭，买一本书对于贫苦人家的孩子来说还是太奢侈，但是花很少的钱，租一套书看，更何况和三五好友同时租几套书换着看，是很划算的。把阅读书的成本降到最低，让我们和母亲一辈不识字的人拥有了不同的青少年时代。

趴在被窝里看书；站在学校的卫生间里借着微弱的灯光看书；洗衣服的时候，把书放在旁边偷窥似的看书；上课的时候，用课本的书皮包住自己喜欢的课外书，罪过似的看书；甚至一边骑自行车一边手捧图书，危险地看书。现在回想都觉得不可思议，怎么能够为了看书"不择手段"呢？书，对自己的诱惑无法用一个词、一句话来概括。日积月累地在那青葱岁月看的书似乎也不少。身为人师后，我也会有意无意地拿书来填补自己的思想空白。

这样一算，我看过的书肯定也不少了，但是为什么家长问我"老师我们可以看什么书"的时候，我脑子里一片模糊？似乎能够看到书的名字，似乎能够回忆起某本书对自己的影响，可是又看不清到底是哪一本。想到六年级的自己，一边流着眼泪一边看了好几遍的《简·爱》，想推荐给我六年级的学生，又怕家长认为老师在引导孩子早恋，更怕学生自己也误入歧途，从此将自己的爱情对象塑造成"罗切斯特"，可是，当年我为什么深爱这本书呢？我是为故事中女主人公简·爱的那种勇气所折服。

　　我从小就是没有主见的孩子，我出生的时候，爸爸在大山里教书，妈妈一个人要照顾懵懂的姐姐，还有幼小的我，后来又有了弟弟。对于一个生活在贫瘠土地上的农村妇女，妈妈只有保证我们温饱的能力，至于我们怎么长大，要忙于耕作的母亲根本无暇顾及。也因此，母亲是严厉的，她没有过多的时间给我们讲道理，更没有过多的理论言辞告诉我们成长的真谛。我感受更多的是严厉，看完《红岩》后，模糊地把自己的母亲比成特务头子徐鹏飞，感觉自己的家就是渣滓洞。当然现在想起来很可笑，但是书籍确实让我产生了丰富的想象。所以，看到同样不漂亮、不受家人喜欢、生活在谩骂和鞭打下的简·爱，看到她的倔强、坚强、善良，自己的内心不由得就开始微微地颤抖，感觉到了一种从未有过的心酸，似乎压抑在心里十二年的泪水，都随着主人公命运的变化而流出来了。特别是当罗切斯特双眼失明后，深爱着简·爱的他内心挣扎，简·爱为了自己的爱勇敢地伸出双手，我内心那种反抗后的幸福感也随着泪水奔涌流出。

　　任何文学作品，之所以受到读者喜欢，一定是因为某一个方面深深地触动到了他（她）。而和当年的我同岁的六年级学生能否有这种深入的感受和体会呢？我不确定，因此不敢轻易地把书推荐给家长，既怕学生误入歧途，又怕损害了一本好书的价值。

想想自己看的书，无论是年少时看的《简·爱》，还是中学时看的《飘》《安娜·卡列尼娜》《穆斯林的葬礼》，都有一个共同的特点，故事中的女主人公都拥有着不一般的爱情故事，还有语言的缠绵，情景的真实，心理描写的细腻，男女主人公性格特点的鲜明，故事的曲折跌宕。我似乎一下子明白了，我看的不是很多本书，而是一本书，我迷恋于作家对人物的细腻刻画，我痴迷于作家完美的人物塑造，以至于我在十五岁的时候就想象着自己能够成为一名真正的作家，但是不是写家庭教育故事，而是写真正的小说，这个梦想一直伴随我到如今。

我的经历说明一个问题，我们喜欢阅读，肯定是喜欢书籍能给予自己生活中匮乏的事物、精神。有的孩子喜欢科普读物，他们深深地被各种动物的习性所吸引；有的孩子喜欢漫画，他们为漫画家的幽默风趣所折服；有的孩子喜欢军事天地，自己仿佛在一个和平保卫者的世界里游历；有的孩子喜欢温婉的小说，似乎在静静地聆听他人的故事；有的孩子就愿意看武侠世界，每一个硬汉都是自己心中的英雄……我们每个人的阅读喜爱不同，阅读方向也会不同，所以我们的图书世界才会百花盛开，我们才会用海洋来形容书的世界。

如何给孩子选定图书，不用去征求他人的意见，而是要遵从孩子的内心。我和很多家长说过，当您决定让孩子拥有良好的阅读习惯的时候，先去做一件事——带孩子去书店。在书店停留几个小时，让他自己从众多的图书中精心选择一本，只能是一本，唯一的一本。

古人云："书，非借不能读也。"意思是读书这件事，只有借的书才会读，至少会快点读，所以有些人喜欢借书看，也喜欢去图书馆借阅。很多人有同感，书架的书琳琅满目，仔细读过的却少之又少。借书阅读就是因为书少，反而会更珍惜，所以买书也要尊重这个"惜"字，图书买得多了，很可能就会不珍惜。

第二件要提示家长的事：要关注孩子对所选书的阅读情况。在孩子没有养成阅读习惯的时候，哪怕是自己选的瞬间喜爱的书，可能回到家，那原有的三分钟热度就会立刻消失，往往会把书束之高阁。当然如果孩子回到家能够安静地、投入地把书读完，自然就可以去选第二本书。但是如果是第一种，家长就要讲究一些方式方法。比如回来后和孩子一起制订阅读计划，每日阅读一定时间，可以是一刻钟，可以是二十分钟，这个时间根据孩子的注意力时间决定。或者和孩子约定每日必须读完的页数。页数的确定，要根据孩子的年龄来定，对于一、二年级的小朋友来说，一两页足够了，三、四年级的大朋友五页左右，数量过多会让孩子对阅读产生抵触。家长要以培养孩子的兴趣作为第一出发点，对于阅读困难的孩子，可以采取"行"作为单位。

无论是哪种计划，一定要执行和落实，如果孩子没有按照计划落实，作为监督者的家长就要根据事先的约定，督促孩子落实读书的计划。万事不仅开头难，持之以恒更难，坚持是一项最能帮助阅读形成习惯的有效策略。

第三件提示家长朋友们的事：书看了，就要有效果。家长要采取追踪制，每日和孩子一起交流一下书的内容，或者是自己的感受，起到启发和引导的作用。

选择什么样的图书，很多家长会很纠结痛苦，特别是对没有阅读习惯的孩子来说，可能会倾向选择图片类、漫画类的书籍。像我的儿子四岁的第一本书就是在书店看了一个月才买的迷宫书。书上没有一个字，都是各种迷宫游戏。很多家长就会质疑这样的书有价值吗？在孩子没有形成阅读兴趣的时候，我们要把孩子对书产生兴趣作为重点，先放下阅读中对文字本身的强调。当孩子的注意力从电视、从手机转移到书上，这已经是一个质的飞跃。要相信,只有喜欢书特有的印刷味道后,才能逐步地走入书的内容中,享受文字、图片等带来的阅读快感。

在小朋友初期参与阅读的时候,要尊重他们的自我选择,不要用家长的权威性去强迫孩子,要知道选择自己喜欢的书是阅读兴趣培养的第一步。

3 不同年龄的孩子读什么样的书适合？

所有的家庭，无论条件如何，都会重视孩子的优生优育，目的就是为了让孩子拥有一个优质的起跑线。作为多年的教育工作者，我深有体会，一届届的学生越来越聪明了，无论是进行过学前培训的孩子，还是零起点的孩子，都可以很快地适应小学校园的生活，对于复杂的知识接受能力越来越强。

就在前不久，有一个六岁半、刚上三个月一年级的孩子的家长，向我询问学校内现在是否可以跳级。他告诉我，自己的女儿已经学会了一年级的所有知识，担心孩子再学习同样的知识会厌学，还特意强调了孩子阅读了缩略版本的《三国演义》《红楼梦》，背诵了《滕王阁序》。首先，作为老师我真的很敬佩，这样全身心地投入到教育孩子这件事情上的家长，他们为孩子今后的发展做好了充分的准备。但是，以这样的阅读经历来证明孩子具有较高年级学习的能力，我对此持有一定保留意见。

《滕王阁序》全文扣除标点共有 717 个字，入选高二语文课本，对于一个六岁的孩子，要完成一个十六岁少年的学习任务，如果家长只是为了挑战孩子的记忆力，这样的意义有多大呢？不要说他是否能够理解文章的含义，就是这些生僻的字，对于孩子来说，记忆的普遍意义何在呢？如果我是家长，我宁愿让孩子背诵一段绕口令，寓教于乐，不仅训练孩子的记忆力，也可以很好地训练孩子的口语表达力。

再说《红楼梦》，它和《三国演义》《西游记》《水浒传》并称为我国四大名著。它们之所以闻名，我想不仅仅是因为故事的跌宕起伏，想象的精妙绝伦，更是由于文字的严谨、准确、唯美，这是其他书籍无法比拟的。是后来者需要效仿学习的重点。它们对社会思想意识形态的挖掘、对人性的揣摩更是如高峰一样矗立在后来者的面前。名著就是名著，只有曹雪芹笔下的《红楼梦》，才是《红楼梦》。我很不理解"缩略版"三个字，如果几十万文字的著作，能被几千字所代替，作为一个文学爱好者，我觉得这是对经典的不重视，对文学作品态度的不严肃。

我个人的观点是：什么年龄段的孩子看什么年龄段的书；不同阅读基础的孩子看不同深度的书。

一、刚刚开始阅读的幼童，可以从绘本开始。

绘本是以图文并茂的形式，反映儿童生活为主的图书。

从文学的角度来说，它们有文学性、生活性、教育性、情趣性；从美术的角度说，它们有美术表达形式的多样性、物象形态的生动性、色彩的鲜明协调性；从结构的角度看，它们则呈现出精美完整的特征。

绘本作为一种综合性艺术形式，它源自作者的直觉，它凭借作者心灵的力量对事物进行整体性的把握。直觉的特点是形象的，用以表现作者直觉感受的东西只能是意象，并且具有独特性。

因为绘本的这些特点，它更适合形象思维比较突出、抽象思维正在发展中的孩子。页面色彩的艳丽、线条的明快、物像的直观、思想的承载都适合刚刚把具体事物抽象成符号的幼童，从另一个角度看，也可以促进孩子把事物抽象成符号的能力发展，对孩子想象力、认识事物的能力都有很好的促进作用。

二、有一定阅读经验的儿童可以阅读童话、画册类书籍。

很多家长在陪伴小朋友阅读的过程中，都会发现他们最初阅读的时候，更喜欢阅读不连续文本形式的画册。比如：记录很多昆虫图片和知识的昆虫世界，记录很多武器的兵器世界。根据孩子的生活环境、性别差异、性格特点等，小朋友喜欢的内容也会不同，但是拿起这种具有不连续文本特征的书籍，却是小朋友们会做的一种共同选择。这是为什么呢？因为对小朋友来说，特别是对文字加工能力较弱的小朋友来说，他们把握比较多内容的能力还不强，而不连续文本，它的特点就是每个内容虽有相关性，但是又独立存在，阅读起来不用过多时间的投入，这点对注意能力较弱的小朋友们非常重要。小朋友们的专注时间是受年龄限制的。另一方面，小朋友对文字的前后内容的联系需要一定的思维能力作为支撑，他们要有把比较复杂的事情联系在一起的深加工能力，而不连续文本，每个章节相对有独立性，对儿童把握主要信息的能力要求不高，所以这类以介绍某一事物为主要内容的图书更适合阅读初期的孩子。

对刚刚有了少量独立阅读经验的五六岁或者七八岁的阅读者来说，可以选择以童话、寓言为主要文体的图书，比如：《神笔马良》《哪吒闹海》《拇指姑娘》。这样的选择是由儿童的心理发展特点决定的。

这一时期的小朋友想象力开始迅速发展，这一年龄段的小朋友家长都会有一个发现，孩子每天都在问"为什么"，很多家长风趣地称自己的孩子是"十万个为什么"。小朋友们之所以对很多事物表现出极大的好奇心，是因为孩子的思维开始变得活跃，他们的想象力进入了人生的一个爆发期，也正是孩子们有了这样的心理需求，阅读童话这类想象力丰富的文章，更会有效地激发出他们的想象力。

童话是儿童文学的一种。它是根据儿童的特点，通过丰富的想象、幻想和运用夸张手法编写的故事。一般故事情节神奇曲折，生动浅显，对自然物往往采取拟人化的描写，以适应儿童的接受能力。也可以通过丰富的想象、幻想和夸张来塑造形象，反映生活，对儿童进行知识教育、思想教育。

它以儿童理解的人或事物为描写对象，往往把自然界"社会化"，把社会生活"童话化"，语言通俗、生动，故事情节往往离奇曲折，引人入胜。童话又往往采用拟人的方法，凡鸟兽虫鱼，花草树木，整个大自然以及家具、玩具都可赋予生命，注入思想感情，使它们人格化。

再从儿童语言发展的特点来看，五六岁的孩子，能听懂一些比较复杂的句子，理解一段话的意思，能够掌握表示因果关系的句子。有了一定的语言规则意识，可以把自己理解的词语放在一定的句子范畴里，形成更大范畴的新的结构。同时这一时期的儿童掌握了具有抽象意义的词语，掌握的词义更加确切、丰富和深刻。

写在书上的就是文章，说出来的就是话语，所以孩子的口头语言发展的程度，也代表着他们阅读可以达到的水平。综合以上几点，阅读童话是有了一定阅读体验的小朋友的最佳选择之一。

三、进入一二年级的小朋友阅读什么样的书籍？

这个年龄段的小朋友，阅读内容已经开始出现多样化。这和小朋友们已有阅读体验有关系，有的小朋友开始阅读之旅时年龄很小，到了一二年级就可以阅读反映现实生活题材的儿童小说。因为小朋友们已经了有了对生活的初步判断能力，可以从比较简单的事件中判断是非；有了一定的对人物品格的评价能力，借助人物在不同事件中的行为表现，相对准确地对人物的品性做出评价。

小说这种文学作品有着自己的魅力。

价值性。小说的价值本质是以时间为序列、以某一人物或几个人物为主线，非常详细、全面地反映社会生活中各种角色的价值关系（政治关系、经济关系和文化关系）的产生、发展与消亡过程。非常细致、综合地展示各种价值关系的相互作用。

容量性。与其他文学样式相比，小说的容量较大，它可以细致地展现人物性格和人物命运，可以表现错综复杂的矛盾冲突，同时还可以描述人物所处的社会生活环境。优势是可以提供整体的、广阔的社会生活。

情节性。小说主要是通过故事情节来展现人物性格、表现中心思想的。故事来源于生活，但它通过整理、提炼和安排，就比现实生活中发生的真实事例更加集中，更加完整，更具有代表性。

环境性。小说的环境描写和人物的塑造与中心思想有极其重要的关系。在环境描写中，社会环境是重点，它揭示了种种复杂的社会关系，如人物的身份、地位、成长的历史背景，等等。自然环境包括人物活动的地点、时间、季节、气候、景物以及场景，等等，用来表现人物的身份、地位。自然环境描写对表达人物的心情、渲染环境气氛都有很大的作用。

发展性。小说是随着时代的发展而发展的。魏晋南北朝，文人的笔记小说，是中国古代小说的雏形；唐代传奇的出现，尤其是三大爱情传奇，标志着古典小说的正式形成；宋元两代，随着商品经济和市井文化的发展，出现了话本小说，为小说的成熟奠定了坚实的基础；明清小说是中国古代小说发展的高峰，当时是没有可超越者的，四大名著皆发于此。

纯粹性。纯文学中的小说体裁讲究纯粹性。"谎言去尽之谓纯。"（出自墨人钢《就是》创刊题词）也就是说，小说在构思及写作的过程中能去尽政治谎言、道德谎言、商业谎言、维护阶级权贵谎言、愚民谎言等，使呈现出来的作品具备纯粹的艺术性。

当然，六七岁的小朋友可以尝试阅读一些小小说，但是还应以想象类的童话作品为主。一些已经有了阅读体验的、语言发展迅速的孩子可以尝试进入小说阅读。比如《狼王梦》《窗边的小豆豆》这样符合儿童心理特点的小说。

四、十岁左右的孩子，可以尝试阅读一些知名作家的代表作。

我们经常说：读书要读好书。什么是好书呢？可以从两个角度来解答。一是作家方面：读大众认可度高，有一定社会影响力，能够准确地反映时代、反映人们生活的作家的作品，也就是我们口中的"大作家"。有伟大作品的作家，他一定是在写作这个领域有着自己的独到之处，他们对事物的理解会对后来的阅读者产生积极的影响；阅读者会从作家的作品中学习到如何做人，如何为事。

我本人很喜欢老舍的作品，也许是我生活在北京，和老舍是老乡，所以老舍的语言风格是我熟悉的生活语言。更幸运的是，在北京这个超大城市中，我恰恰又是很多外地人眼中生活在四合院里的北京人，老舍笔下的《四世同堂》里的祁老太爷的形象在我的生活里就可以捕捉到影子，《骆驼祥子》里的"虎妞"身上的泼辣、勇敢、不管不顾是很多北京女孩都具有的特点。特别是在很小的时候，我阅读了《牛天赐传》，牛老太太、牛老者和牛天赐在我的脑海里留下深刻的印象。老舍先生对身边生活细腻、准确的刻画，让我们这些有着共同生活环境的人，如同照镜子一样看到了自己的生活。好的作家不仅仅是生活的塑造者，更是生活的再现者，他通过自己超人的洞察力，结合时代的需要，深入探究人们的内心世界，借助文字让一个个鲜活的人物在笔下诞生。

所以，伟大作家的作品一定是具有生命力、号召力、影响力和传承力的，进入中年级的学生，他们对人物已经有了评价的能力，对语言的理解能力，也更加贴近成人，并且在这个时期他们的记忆力、想象力，都是最佳时期，这个时期读一些伟大作家的伟大作品对小朋友的人生观的建立是意义巨大的。

另一方面，应该读一些具有时代性的名篇。

2001年，似乎全世界人民都在为一套书疯狂——《哈利·波特》，无论是大人还是孩子，都为作者罗琳的惊天才华所折服，她用自己的笔向人们描绘了一幅超巨大的想象画面。想象大胆，内容丰富，人物性格饱满，我估计很难再有一位女作家超越她的想象力了。这样的作品可以让人忘记吃饭，可以让人忽略睡眠，它带我们走进另一个神秘的世界，所有有着探寻梦想的人，都会被它吸引着走进那个有魔力的火车站台。

我们的文化瑰宝——中国的四大名著，历经几百年让人百看不厌，多少文人墨客一代代地投入到《红楼梦》的研究中，不夸张地说，书中随便一行诗句，都是人们无法逾越的高山，更何况从身份的高低贵贱到人物的百种性格，曹雪芹先生的刻画都达到极致。对我这样只有较低文化素养的人来说，读上十几遍还是读不透，看不明。

任何一部伟大的著作，无论是什么时代，无论是国内还是国外，都有着它经久不衰的原因。在孩子最好的年龄，对书最善于发现的年龄，捧上一本他能够看得懂的名著是多么幸福呀！

4 孩子阅读时需要陪伴吗？

我的童年是没有父母陪伴的。七十年代出生的人比六十年代出生的人要幸福得多，因为我们没有温饱的困扰，但是生活的贫苦仍是每个七零后童年的共同感受。

特别是寒冬季节，每日餐桌上的蒸红薯、萝卜干、白菜炖豆腐、土豆片、炒洋葱，是我们儿童时代对食物的所有记忆。一家三两个孩子是常态，基本看不到独生子女家庭。工厂上班的家长工资也基本上是统一的数字——31.5元，一年的吃喝都在这十几个三十来元里，所以很多家长都在想办法多打零工贴补家用。我记得我的母亲，每日从社里办的工厂下班，还要去种地，天黑后还要做绣花的工作，就连笨手笨脚的爸爸，也要参与到妈妈的绣花工作中。

陪伴——似乎就成了一个不存在的词。这个词跳入我的视野，是我参加工作差不多十年左右，也就是2000年前后，人们的物质生活开始富裕了，而独生子女也成了大多数家里的唯一宠儿。孩子上学要去送，孩子吃饭要人陪，孩子写作业要人看，就连放学孩子的书包都要有人背。老师开始说陪伴的方法、陪伴的时间、陪伴的内容，但是这种陪伴是不是必要的呢？我持保留意见。但是，家长要参与到孩子成长的过程中，让小朋友感受到关爱和重视，这对他们的身心发育能起到积极作用。

我先生出生在书香门第，家里最多和最宝贵的就是书了，不仅有很多名著，还有许多公婆工作的参考书籍。我的婆婆是北京一家三甲医院的护士长，先生一家人生活在医院的大院里，用他的话说，楼上是儿科主任，楼下是心内的大夫，每周他可以看到电影，偶尔还可以去现场聆听音乐会，浓厚的文化氛围，让先生从小就养成了看书的习惯，他从书里找到了自己的精神世界。

我们婚后，先生也保留着每周从首都图书馆借阅两本书进行阅读的习惯。每天都至少要购买三份不同的报纸，家里的阳台很快就堆起了高高的一摞报纸。良好的阅读习惯，他一直保持到现在。

我的儿子是大约一岁半的时候开始学习汉字，到了四五岁的时候，有一千多个汉字的识字量。他四岁多时，我们家搬到东城区图书馆附近居住。我家距离图书馆步行五分钟，于是先生给儿子办了阅览证。从此以后，先生不再是形单影只地去图书馆了，而是大手牵小手带着儿子一起去。

每个周末，只要是先生休息的日子，爷俩一定会早早地起床。图书馆八点开门，他们早早地就等在门口。图书馆的阅览室，中午十一点半闭馆，下午一点开馆，俩人回到家吃过午饭再去，直到下午五点闭馆才会回来。这样的日子一直持续到儿子上三年级的时候搬家。

我——这个农民的后代，小时候没有在书的熏陶下长大的孩子——在书和电视之间会选择电视，而儿子和先生即使被拉到电视前，也是手里拿着一本自己心爱的书。儿子现在已经大四，我已经记不清他最后一次在电视面前出现是什么时候了。很多次，作为一个老母亲总是想向儿子撒娇，希望他能陪着我看会儿电视，享受点天伦之乐。但是儿子坐在电视机前不到五分钟，就会问："妈妈，我可以不看了吗？"我总想再做点努力："挺好看的，再看会儿吧？"儿子定会起身，一边无奈地告诉我："我真觉得没有看书有意思。"一边用眼神询问我："我可以离开了吗？"

先生的人生经历，和儿子的成长历程，让我感受到：

1. 与其说阅读需要陪伴，不如说阅读是一种传承。

文化需要传承，民族风骨需要传承，良好的家庭氛围需要传承，对未来有着良好促进作用的事物都需要传承，同样，阅读习惯也需要传承。

中国自古就有"书香门第"这个词，它在旧时指出身读书人家庭，指好的家庭背景。清·文康《儿女英雄传》第四十回："如今眼看书香门第是接下去了，衣饭生涯是靠得住了，他那个儿子只按部就班的做到公卿。"

书，泛指四书五经。有三教智慧的传承的书。香，指的是家里有祠堂家庙、家谱。门，指的是家里的地位在社会上得到认可。第，指的是家里每一百年，就出一个对社会有重大贡献的人。这样的家族可以称得上是书香门第。

这四个字中的第一个字，就是书，而家中有书的结果就是家里必能百年出一位对社会有用的人，这不仅仅说明了读书的重要性，也说明了读书是可以继承和发展的。良好的家庭读书氛围会远远超过阅读陪伴的重要性。我的先生能够保持阅读的习惯，不是我的公婆如何去陪伴他，而是给予了他一个可以传承的阅读氛围。

2. 与其说阅读需要口头上的要求，不如说阅读需要率先垂范。

很多家长向我抱怨："我不陪着，就一页书不看。每次为这个都要吵半天。"现在都在宣扬阅读的重要性，因为读书可以让人明理，读书可以让人聪慧，读书可以促进社会的和谐发展，读书可以让我们的社会文明再向前跨出一大步。读书是好的！家长能够有意识让小朋友们捧起书来读，是好的！

这些和我抱怨的小朋友的家长们，一般都是孩子到了中年级，也就是十岁左右，学校课本的阅读难度越来越大，小朋友的作文写作越来越困难的时候，很多老师给家长的良方就是"多看书"。为了小朋友的学习成绩，家长开始重视阅读，可是没有任何意识培养的阅读，势必是痛苦的，一定会出现家长吼、孩子烦的现象。读书习惯的养成，是一种家庭生活方式的传承，如果家长在孩子幼年时，就如我的先生一样，给儿子一个良好的阅读熏陶，那么孩子一定会喜欢上阅读，陪伴就不那么不可或缺了。

3. 与其说阅读是一种强制行为，不如说阅读是一种习惯养成。

在我们家里，我们和儿子说得最多的不是"你快去看书"，而是"你去打会儿球"。儿子之所以有这样良好的阅读习惯，我要感谢我的先生，他不仅给儿子树立了一个好的榜样，更引导孩子逐步走上了喜爱阅读的道路。

我儿子从两三岁开始在图书店"漫游"，到五六岁拥有自己的阅览室读书证，再到六七岁拥有了自己的借阅证，这个过程中，我和先生从未和他讲过读书有多重要，更没有要求他必须去看书，我们只是把别的爸爸妈妈看电视或者刷手机的时间，用来带着孩子去书店。把别的规定孩子看多长电视的要求，转变成了"跟我来"！

5　如何养成阅读习惯？

"如何养成阅读习惯？"我被问到这个问题应该是最多的，很多家长都急于得到一个秘方，让自己的孩子快速成为喜爱阅读的一员。这应了一句话：可怜天下父母心。很多时候，我们明明知道世间哪里有什么秘方可言，需要的是不断的努力和付出，但是为了自己的孩子足够优秀，父母们还是到处寻医问药。

首先，我们看什么叫习惯。习惯是指长时期养成的不易改变的行为、倾向、生活方式、社会风尚等。所以一个良好的习惯一定是由漫长时间积淀而成的。

我身边有很多具有良好阅读习惯的孩子。

很多年前，我们班有一个胖乎乎的小女孩，可以做到出口成章。现在算一算，她离开小学校园已经十四年，我还依稀记得她上语文课的神情，只要是语文课，她必会紧跟我上课的节奏。那种求知若渴的神情，让我觉得自己的课堂是她最享受的。她很爱思考，无论是文章的写法，还是人物品性的分析，她都会深思熟虑后，把自己的所思所想和同学交流，可以感觉得到她是真的喜欢文字。当我们学完《少年闰土》，她会托着小脸问我："老师，后来闰土怎样了？"一副还沉浸在课上的神情。然后过几日我就会在她的手中看到鲁迅先生的《故乡》《朝花夕拾》等。

一个可以把课堂所学和自己的生活所爱紧密结合起来的孩子,一定是一个喜欢阅读并且拥有了阅读习惯的孩子。

再比如,我的一名现在在北京大学上大二的学生,我在她四年级的时候,成为她的语文老师和班主任。原班主任介绍班级情况的时候,特意提到她:"这个孩子很聪明,就是上课不听讲。总是偷偷地看书,我一点办法也没有。"

第一节语文课,就验证了原来班主任的话,我慷慨激昂地讲课,而她安静地坐在座位上,手里捧着一本书,似乎我根本不存在。第一节课,我不仅没有阻止她阅读,而且还在讲课过程中,装作无意绕到她身边,偷偷地看了一眼她在看什么书。书的名字我真的记不住了,但是我记得那是好厚的一本书,估计有一千多页。

接下来一周的时间,她课上大部分时间是把书藏在桌下投入地偷看。可是奇怪的是,每日的作业她不仅是第一个交的,而且正确率百分之百。我还是站在一个观察者的角度,没有阻止她课上阅读,她也似乎懂得了我的用意,以前还悄悄地藏在书桌里看,看我没有任何阻止行为之后,竟然把书堂而皇之地放在了桌面上看。不仅如此,课上她还会偶尔抬起头,用一种特殊的眼神看着我,似乎像一位久违的老友彼此间传递着一种信任。

那个时候,我总会从学校图书馆借上一本《读者》杂志,在课间浏览。发现我这个秘密之后,课间休息的时候,她忸怩地转到我的讲桌前,眼睛直勾勾地看着杂志。我心领神会地把杂志丢给她,她就在我的讲台旁边一页页地开始阅读。上课铃响起,她爱惜地放下,下课之后又会过来。如果哪天我的书没有在桌面上放着,她还会在我的物品里寻找书的踪迹。

我发现了她这个特点之后,开始有意拿一些自己喜欢的书摆放在桌子上，她就如同进了书店一样，只要课间，就会飘到我的讲桌前读书。

在我眼里，这样的学生不仅仅是拥有了阅读的习惯，还是一名"书痴"。很多老师会向我抱怨，说她上课不听讲，就看书。当我向任课老师问她的测验成绩时，老师们又都异口同声地回答："满分。"对于一个已经能够借助阅读完成学习任务的学生来说，听讲也就是一种形式了，何必让这种形式过多地束缚小朋友的发展呢？在她的眼里我就是她的知音，她很不爱说话，但总是会和我有眼神的交流。

我要说的问题是，阅读习惯的养成，不能等家长发现问题之后，再去亡羊补牢。如果学生已经进入小学高年级，还没有对书产生浓厚的兴趣，那么他不是没有阅读习惯，而是没有阅读意识。从小养成的阅读习惯，到了小学高年级，应该到了收获的季节。

如何让您的孩子也拥有这样好的阅读习惯呢？

首先，养成阅读习惯需要漫长的时间，家长要预留出培养时间。

我在前边说过，阅读根据孩子的发育、家庭环境双方面的原因，越早培养越好。这是为什么呢？就如同很多小朋友很小的时候喜欢吃土豆，当家长建议他山药和土豆的口感相同，一样好吃，但小朋友还是会偏向于吃土豆。在孩子认识事物的初期，让他先在自我意识里认识到阅读是一件很有趣的事情，甚至超过了看电视、玩电脑本身，就会让孩子先入为主，自主地选择阅读活动。

所以，家长在小朋友还在褴褓中的时候，就可以通过听引导孩子；当小朋友一两岁的时候，可以让他自由地翻阅书籍；当小朋友三四岁，可以看懂图画的时候，就可以进入自主阅读；当小朋友认识拼音的时候，就可以独立阅读拼音读物；当小朋友有了一定的认字基础时，就可以进入真正意义上的阅读了，差不多小学二年级这个阶段。二年级之前都是培养小朋友阅读习惯的最重要的时间，而不能到了四年级，感受到孩子缺乏阅读意识的时候再着手经营。当然这个时间训练，不是不可以，只要想做，任何时间开始都不晚，我强调的是最理想、最有效的状态。

其次，阅读习惯的培养，需要台阶式地逐步完成。

这里我说两种方法：一种是环境熏陶法。

没有一个人天生就对文字有着喜爱的情愫，肯定是随着后天环境的影响和认知水平的提高，才对文字逐渐产生兴趣。怎么才能让小朋友在电视、手机、电脑这些诱惑面前，主动地去选择书籍呢？如果小朋友身边就剩下书，他会怎么办？他一定会试探性地和书成为朋友。

我儿子三岁以前是随着姥姥在农村生活，到了孩子该上幼儿园的时候，才被我们接回城区。前文我说过，我家的房子就九平方米——家里空间很小。把孩子从幼儿园接回来后，除了在床上滚，就是在床上躺。为了避免孩子在狭窄空间里心理发展受到影响，每天吃过晚饭，我和先生就会带着儿子去王府井书店逛。

书店相对于嘈杂的街道、超市、商场、公园，真的是一个无声的世界，无论书店里有多少人，都听不到过多的声音，也许是来书店的人都怀着对书的敬畏吧！这些人都是抱着对知识的无限崇拜，对图书创作者的无限尊敬之情来的，这种敬畏之心让大家来了之后，都只会投身到自己喜爱的图书中，对于图书的喜爱使他们心无旁骛。

我几岁大的儿子，最初很不适应这种环境，唯一吸引他的反而是从一层到五层的滚梯，他就一遍一遍地乘坐滚梯。站在他的视角，可能会想：怎么每一层都是一样的东西——顶天的书架和数不过来的图书。

几天之后，小家伙也许是疲劳了，开始逐步把视线从滚梯上移开，学着大人的样子，用手去摸摸图书，特别是巨大的、书皮艳丽的图书，会首先被他看中。

又过了几天，小家伙开始尝试翻看一些书，看到里边都是黑乎乎的小字，一点兴趣都没有。当他到了儿童读书区，似乎一下子有了新的发现，各种彩色的图案，让他停留的时间越来越长。直到有一天，他对"迷宫"书产生了极其浓厚的兴趣，在那儿很久都不移动。爸爸看到小家伙站得时间过久，引导他学习其他小朋友找一个不碍事的地方，坐下来看书。

我惊喜地发现，小家伙可以将近两个小时，抱着自己选择的迷宫书不放。每天书店响起闭门音乐的时候，我告诉他，我们要回家了。儿子用乞求的目光看着我，说："我可以把书带回家吗？"我摇摇头，乖巧的儿子，只得恋恋不舍地离开。

这样坚持了大约两周，我才同意他把自己最喜欢的一本迷宫书带回家。从此之后，他放学回来，第一件事就是拿出他唯一的一本书，贪婪地阅读。

后来，我风趣地和朋友们说："王府井书店是我家的书房。"我家的电视机倒是成了真正的摆设，因为没有时间去看，儿子似乎对这个东西一点兴趣都没有，从来不会说："妈妈，我要看会儿动画片。"也不会说："我要看电视。"电视这个现代化的产物，在这个"00后"的小朋友眼里，完全像不存在的事物。

我讲述儿子和书交朋友的历程是想告诉家长，我们给孩子提供什么样的环境，就可以让孩子拥有什么兴趣。儿子的世界就是书，所以他慢慢地喜欢上了书。只有让孩子的世界里充满书，孩子才可以最快而且最有效地喜欢上阅读。我和身边很多家长说过："一定要带孩子去书店，一定要带孩子去图书馆，一定要带孩子去阅览室。"这种潜移默化的环境熏陶，远远比家长对孩子说的千万句要求来得更有效。

第二种，化繁为简阅读法。

很多家长和我说自己的孩子不爱读书。我总会反问这样的家长："您教孩子怎么读书了吗?"在很多家长的认知里,读书就是一种人的本能,似乎出生了就应该拥有。孩子上学了,识字了,就该能读书。其实认字和读书之间有着本质的区别。认字就是能够把汉字和我们的生活认知结合在一起。字只是我们进行记录、了解、交流等人类文明活动的一种工具。而读书比认字要高级得多,书籍是用文字传达信息、情感的工具,同时也是把文字进行深入加工、融合,给文字赋予更深内涵的载体。

也正是如此,不是小朋友认了字就会读书,也不是小朋友会读书就一定会认字。很多漫画书没有文字,但一个有着想象力、理解力、思考力的不识字的人是可以读懂的。帮助孩子把积累的汉字运用到读书活动中,这需要家长的智慧。

在我工作过程中,我发现把一本书分成若干个小部分,可以降低学生对阅读的恐惧感,提升孩子走进阅读的可能性。

有一年我负责一年级的语文教学和班主任工作,一直教六年级的我,深知阅读对孩子一生的重要作用,因此我就在规划班级发展目标的时候,把培养整个班级学生的阅读习惯作为一项重要目标。最初的几天,面对来自各个幼儿园的语言接受能力参差不齐的学生,我就开始思考,每个孩子的前期阅读能力不同,如何让爱读书的学生提升阅读水平,并且让没有读书习惯的学生也喜欢阅读呢?

我将工作分为五个步骤来落实。

第一步,老师读书,吸引学生对阅读产生兴趣。

每天中午吃完饭,我就拿起一本儿童读物,把书的每一页通过实物投影打在屏幕上,然后绘声绘色地用手指着读给孩子们听。

第二步，每日读一页书，增加孩子的骄傲感。

这样坚持了一个月，孩子们的拼音已经学习到了复韵母，可以拼读很多音节了。我意外地发现班上孩子们都对一本书特别钟爱，我就和孩子们说："今天老师累了，你们可以自己借助拼音读一页书吗？"孩子们开心极了，都兴高采烈地大声拼读起来。一页绘本也就是二十几个字，会直呼音节的孩子很快就读完了，拼读困难的孩子要用半个多小时，不管通过怎样的路径，最终全班同学都读了一页书。我问孩子们："读书难吗？"刚刚获得荣誉的小朋友们都说太简单了。我说："那好，从今天开始，我们每天在家里读一页书，你们能完成这个任务吗？"小朋友们都笑了。放学的时候，开开心心地把这个任务告诉了家长。第二天，我统计和检查所有同学，大家都顺利完成了这一页书的阅读任务。从此以后，我们班有了一项特殊的读书作业——每日一页书。

第三步，量力而行，降低孩子的畏难情绪。

一页书这样读了几天，有些小朋友就说每天读一页书太少了，可以多读几页。我却故作忧心忡忡地说："读多了太累了！"孩子们却据理力争，但是我就是不同意。过了一两周，好多孩子说，他已经每天看十多页了，我惊呼："难道你不累吗？"小朋友们非常轻松地说："我还可以多读些。"我看时机成熟，就和孩子们商量，把每日一页书改为每日三页书。孩子们轻松地答应了。这样逐步地增加，到最后我们提升到了每日读五页书。考虑到会有小朋友有阅读困难，我没有再增加读书页数。

这样试探性地逐步增加阅读的数量，让孩子有一个心理接受期，更利于孩子们把一件困难的、不感兴趣的事情坚持下去。

第四步，尊重自我，提高孩子自主阅读的乐趣。

当班内统一读完一本书的时候，我们召开了一次庆祝大会。这样一步一步地执行着我的全班阅读计划，转眼孩子们就上了二年级。很多孩子已经有了很好的阅读意识，并逐步养成了阅读的习惯。我们班多了一件新物品——小书架。我让每个学生准备一本自己最喜欢的图书带到学校，郑重地放在书架上。从此，课间孩子们有了一个新的去处——图书角。很多学生拿完了书就会席地而坐，开始津津有味地读书。

我让每个孩子拿来自己喜欢的书，是因为：第一，同龄的人最有共同话题，喜欢的图书也会更接近；第二，因为是自己喜欢的图书，也会更加爱惜，会在课间有意无意地就去查看一下自己的书是否还在。利用儿童的这种心理，形成了全班性的阅读氛围。

第五步，阅读荣誉，通过机制促进学生的进一步阅读。

我的课表里有一节隐形课——阅读奖励课。就是小朋友们表现好的时候，我会拿出课时专门奖励孩子们阅读。因为这是一种荣誉，每个小朋友都非常珍惜，一到阅读奖励课，所有的孩子仿佛都进入了阅览室，都安静极了，陶醉地读着自己喜欢的书。

当然，培养阅读习惯还有很多更富有个性的方法。我要告诉家长朋友们的是，把阅读转化为孩子的一种意识，需要一个过程，更需要科学的方法。

6 在哪里读书最好?

"在哪里读书最好?"这个问题问我的家长并不多,但是通过我多年对小朋友们阅读习惯的培养,我认为这是一件非常重要的事情。

我的儿子进入三四年级后,已经养成了每日必看书的习惯,事实上,他所有的课余时间基本都用在看书上。他最喜欢去的地方就是东城区图书馆,非常遗憾的是,他四年级后我们就搬了家,让他失去了最佳的读书地点。我为什么说图书馆的阅览室是最佳的读书地点呢?

关于图书馆的阅览室,在我的脑海里有三个重要的画面。

第一个画面:北京市朝阳师范学校的图书馆。

我出生在农村,尽管是北京市的农村,但是七八十年代的农村也是物质匮乏的地方。在祖辈的思想意识里,有吃有穿就足够了。"图书馆"这个词语是只出现在书上的。让我真正相信世界上有图书馆这样的一个去处,是我十五岁上了师范院校之后。我们学校的教学楼分为三个部分,像极了一个横放着的"半框旁",中间部分是一到三年级的教室,左侧的四层配楼就是学校的图书馆兼阅览室了。

我们的借书证非常简陋,就是一张如身份证大小的、写着自己班级和姓名的白纸片。我的文选老师要求每个同学一学期至少要借一本书,我怀着非常忐忑的心情，第一次走进学校的图书馆。

天哪！我被惊吓到了。这里房子从外边看和教室一样，但是里边却截然不同，屋顶有四五米高，像巨人一样的木质书架直接顶到房顶，书架下边还有轨道，可以来回移动，每列书架的前边都有用字母和文字标示的标签。在一些书架前还有一个可以移动的小车，小车上放着一些没有归位的书。

当我把借书卡给了老师之后，老师就让我自己去书架前选图书了。胖胖的我，在巨人书架前慢慢地移动，一本本书或大或小，或厚或薄，基本上都是我没有看过的。我不知道自己应该选择哪本，心中因为第一次进图书馆而产生的起伏左右着我的选择，不得不承认，最后我是胡乱选择了两本书，在这一天我才知道天下的书有多么多！

借阅室的楼上就是阅览室。这里的桌子不是教室里边的小课桌，更像是实验室的大桌子，一张桌子面对面可以坐下八个人，每个同学的旁边都放着一摞书。有的同学就是专心地看书，有的同学还一边看书一边写类似作业的东西——后来我知道这就是边读书边做摘抄。我也找到了一个位置开始看自己的书，书的名字我给忘了，大概记得是一本描写英国农民生活的小说，很好看，因为我记得当时二十一点阅览室闭馆的时候，我还想继续看。

也是从此之后，我喜欢上了阅览室。这里简直就是阅读最好的地方。

第二个画面：首都图书馆（老馆）。

感谢我的先生，让我知道除了校园之外还有很适合读书的地方。首都图书馆的老馆以前就在北京二环内的国子监街的国子监内。是一所建在博物馆里的图书馆，也正因此，在这里看书又多了一份厚重的历史味道。图书馆的借阅室以前就是国子监的配殿，空间不是很大，所以能看到的书也不是很多，但是国子监内的阅览室被安排在正殿内，是真正的大殿，似乎能够冲到天的巨大原木柱子一下子把整个大殿托到了空中，高耸的屋顶，让每个前来阅览的人都多了一份敬畏之心。大殿的中间有序地摆着纯木头的巨大桌子，一张桌子可以坐下将近二十个人。

在阅读期间，会有人走动，但都是轻手轻脚，绝对不会干扰到身边的任何一位读者。每个人脸上都带着一份宁静和安详。特别是冬天阳光透过大殿的玻璃照进大殿内，照到每一个人的脸上，这里的每一位读者似乎都被镀上了一缕神圣的光。

我喜欢在那里读书，当时没有想过原因，现在想想似乎是那里的阅读者创造的阅读氛围，把每一个人都深深地吸引在了这里。与其说是书让我满足，不如说这里的阅读幸福感让我满足。我太爱这神殿一般的阅览室了。

第三个画面：国家图书馆。

我很惭愧，作为一个首都人，我却只去过一次国家图书馆，那次是单位要做一个科研课题，我需要到图书室去寻找一些资料。我是1994年参加工作的，那时电脑还没有那么普及，网络就更是一个空中的词语，查阅资料更多还是靠纸质的读物。当然，越大的图书馆资料越全。

走进国家图书馆，我仿佛是刘姥姥进了大观园，以往对图书馆的所有的认知都归到零点。我只能说这里不是一般地大，书不是一般地多，不是一般地复杂。对我这个文化水平不高的小学老师来说，这里就是神殿。

国家图书馆的阅览室真的让我着迷！我记得阅览室在整座大楼的中层，透过落地的整面玻璃，阳光毫无保留地洒到房间的每个角落，在寒冬的日子里提高了整个房间的温度。一间几百平方米的房间里，从一头到另一头全是一张张巨长的条形桌子，数张这样的桌子填满了整个房间。一张桌子可以坐上几十人，而阅览室座无虚席。

在这里我真正体会到什么叫"学海无边""书海无涯""天下万卷"。太多有文化、有知识的人在这里出现，我都害怕自己拿的书过于肤浅，被身边的阅读者笑话。我看着那些翻阅数本像词典一样厚的书的人，我猜想他们一定是某一个领域的科学家；看着那些戴着厚厚镜片专心做笔记的人，我猜想他们一定是某所名校的教授或者博士；看着那些低头久读的读者，我猜想他们一定是读了上万卷的书籍……

这三个读书的画面，已经深深地印在我的脑海里，挥之不去。所以当有人问我要去哪里读书的时候，我一定会告诉他："一定要带小朋友去图书馆，一定要让小朋友在阅览室看上一两本书。"只有在这里，读书的人才知道何为书海，读书的人才知道什么是读进去书，读书的人才知道安静的阅读才是可以思考的阅读。

7 读漫画书是阅读吗？

要弄懂这个问题，首先要明确什么是图书。联合国教科文组织对图书的定义是：凡由出版社（商）出版的不包括封面和封底在内的49页以上的印刷制品，具有特定的书名和著者名，编有国际标准书号，有定价并取得版权保护的出版物称为图书。图书是以传播文化为目的，用文字或其他信息符号记录于一定形式的材料之上的著作物，图书是人类思想的产物，是一种不断发展着的知识传播工具。

所以，只要孩子手中捧着的漫画书满足以上条件，它就是图书。既然是图书，自然可以成为阅读的对象。但是为什么家长和老师总会一遍遍地陈述不要看漫画书，而一部分学生又非要阅读漫画书呢？

我询问过一些喜欢阅读漫画书的小朋友为什么会喜欢看漫画。他们的回答是很有深意的。必须说小朋友们任何一种喜好都是有原因的，绝对不是自我随性的选择。总结一下小朋友喜欢阅读漫画书的原因：

第一，漫画画面很丰富。

和我说这句话的是一个二年级正在学习美术的孩子，当她想都没想就把这条告诉我的时候，我很诧异。孩子是在用她学习的美学知识去开启自己的阅读道路。

第二，看漫画可以不看字，很轻松。

我发现我学生中喜欢漫画作品的往往有两类，一类是不喜欢阅读文字过多的读物的小朋友，一类是逻辑思维活跃的小朋友。站在第一类小朋友的角度看，选择漫画肯定与漫画文字少有着直接关系，因为文字少就避免了阅读上的困难。而对于第二类小朋友，我理解他们想借助阅读更快地梳理出新的事物间的逻辑，对漫画的喜爱完全是一种探索世界的需要。

第三，看漫画远比看文字的书要快得多，可以快点满足自己了解结果的心理。

捧着一本书读，我们会被故事中的情节所吸引，但是很多时候我们也会有一种想知道事情结局的迫切心情，而一本书少则几万字，多则几十万字，得到结果一定要经历一个漫长的过程。而漫画不用，只要理解了每张画片的意思，把画片之间连接在一起，就可以很快得到答案了。

第四，漫画很有趣，可以让人获得快乐。

漫画的种类很多，但是小朋友们喜欢的漫画书，大部分人物的形象都有各自的标识，解说的语言风趣，内容趣味性强。我就经常在教室看到阅读漫画书的孩子捧腹大笑的场景。看漫画就如同听相声一样，笑点密集，而且来得快，更容易让阅读者的心情如沐浴阳光般幸福。

小朋友们喜欢阅读漫画书，一定是漫画书有着吸引他们的地方，那是不是孩子们有这样的兴趣就要尊重他们的选择呢？这个问题，至少要从以下几个方面来看。

第一，长期只阅读漫画书，特别是认识事物能力尚在发展阶段的小朋友，会因为长期吸收碎片化的语言，而导致语言发展不完整。

漫画书不同于一般的文字类书籍，它更多借助图画来描述事情的发展过程，而文中的语言主要是重点信息的展现，比如故事的背景发生了转化，人物之间的对话，故事的时间发生了变化，新增加了某一个或几个人物，人物的某一特征的阐述……正是因为文字在文中承载的不是全部内容，所以漫画书会在故事的流畅性上比全文字的书籍略微欠缺一点。也正是如此，长期看漫画书，可能会导致小朋友因为习惯性地模仿书籍用语，造成自己语言、特别是书面语言的碎片化。

比如到了高年级，小朋友写的作文，语言是断断续续的，因为在孩子的假定语言世界里就是这样表达的。在我批改的作文中就有"撒""来了""哄""大笑"这样连续出现的不符合文章表达需要的单字或者不完整结构的语言。还有的小朋友会使用只有在漫画书中才有的特定语言。更有甚者还会使用漫画书里，在特定环境下才会有的符号化的非交流性的"文字"，即把几个汉字部件随意编纂出来的所谓"汉字"。

孩子会模仿漫画语言的跳跃性，并最终形成自己跳跃的语言风格。因为漫画的语言都是非连续的，前后句之间有的时候是不连贯的，所以孩子潜意识里也会在表达的时候采用这样的方式。语言有跳跃性，用不符合常态下的语言结构进行书面表达，会造成文不达意、意思表达不清楚、语言不通顺、文章字数很少的现象。

第二，毫不筛选地阅读漫画书，还可能毒害小朋友们的思想。

好的书籍可以让孩子学会明理，打开视野，同样，不良的书籍也会让孩子走向歧途。

给我留下深刻印象的是一个现在已经二十六岁的男孩子，当年我是他四年级的语文老师,他很聪明,还特别爱看书,只要有书看他就表现得非常幸福。有一段时间他迷恋上了漫画书,每天书包里都要带三四本漫画书,一到课间很多男孩子就会围到他的身边,形成密不透风的人墙。在前边处理作业的我,经常听到他们"哈哈"的大笑声。当时我不以为然,觉得孩子们一起看书,开怀大笑也挺好,总比跑来跑去有意义多了,所以我并没有阻止。过了几天班内带漫画书的学生更多了,而且大大小小的漫画书都有,有的只有一块橡皮那么大,说是手书一点不为过。班上的课间一下子安静下来,小朋友们总是三五成群地挤在一起看漫画书。直到这个时候,好奇心促使我拿起他们的漫画书,这一看,我心惊胆战,这些漫画书并不适合十岁左右的孩子,里边充斥着大量的辱骂性语言,就是一个语言暴力的集合体;并且故事情节充满了暴力,无论是人物的思想品质还是言行都贴着"坏人"的标签。如果小朋友们长期阅读这样的文章,他们会怎样?

我在班里开始实行"禁书令",课间小朋友们不再挤在一起热衷于一本书的阅读,教室里似乎恢复了往常的模样。但是有一天我去卫生间,意外地发现,小朋友们躲在卫生间里"咯咯"地笑。原来上有政策,下有对策,他们把书藏到了卫生间,在卫生间开启了阅读之旅。

这次的"漫画事件"我足足处理了两个月,才基本让漫画书消失。那个时候,我就在思考,为什么小朋友们会在这么短的时间内就对漫画书产生了极大的兴趣。我觉得:一方面,书籍特有的暴力语言反而吸引了他们,因为书上的语言都是爸爸、妈妈、老师不让说的,小朋友们大开眼界,这种"崭新"的语言让他们产生极大兴趣。另一方面,书籍中直接的、集中的笑点让小朋友一下子就喜欢上了。我们生活中有幽默,但是能够让大家笑出来的点还是很少的,生活中更多的是平淡。十岁左右的孩子,喜欢这种放松的方式,他们思想简单,思维简单,所以书中的爆笑点很容易唤起小朋友们的兴趣。

第三，长期阅读漫画书，可能让孩子产生阅读障碍。

小朋友在幼儿期或者一二年级的时候阅读绘本，是符合他们的认知发展水平的，绘本特有的色彩、丰富的图片信息，会激发小朋友的想象力，促进幼儿语言发展、思维发展。而随着语言和识字量的提高，小朋友们还是大量地阅读图片较多的书籍，比如绘本、漫画，就会对思维，特别是对文字的理解，起到阻碍作用。

尤其是小学三四年级的孩子，再看带有很多插图的书，会让孩子建立起一种阅读模式，这种模式使得孩子阅读速度慢，大脑处理信息的能力变弱，甚至产生失读（一种阅读障碍）的情况。

在阅读文字类的书籍时，我们需要通过大脑对文字进行处理，结合文章的情节更深入地理解文章的内容，在情感上要和作者和文中的人物产生共鸣，要有和时代对话的内心新发现，所以阅读本身就是一个很复杂的对文字加工的过程。而如果只是阅读以图画为主的漫画作品，这些对文字深入加工的过程就会淡化，无法促进孩子阅读能力的提升。

是不是漫画书就不可以看了呢？当然不是。任何一种文学作品能够出现在人们的文化盛宴里，肯定有它存在的价值。漫画书，特别是经过作家精心构思的漫画书，它或是用简单的线条，或是用丰富的画面，会从美术家特有的视角去反映人们的生活。优秀的漫画书可以经久不衰，好比家喻户晓的《父与子》。漫画书可以开发人的想象力，让你随着画家的画笔驰骋在想象的世界里。但是，阅读漫画书需要有筛选，不是任何一本漫画书都适合儿童，特别是还没有形成阅读习惯的孩子阅读。如果孩子已经有了很好的阅读习惯，漫画书作为一种提升自己想象力、幽默感的读物当然是非常好的选择。

8 尊重孩子，
是不是最好的选择图书的方式？

"尊重孩子，是不是最好的选择图书的方式？"这个问题，问到我的家长很少，大部分家长的话是这样的："老师，我们要培养孩子的自主性，所以不干预孩子的选择。"或者是："我们要给孩子足够的空间，相信孩子的选择，并尊重他的选择。"从家长的话中，我能够感觉到，家长对培养孩子自主意识是十分在意的，这当然远胜过家长说孩子听、没有自我的绝对服从式的压制性培养方式。但是，很多次，站在老师这个角度，我都会思考良久，总觉得这句话不妥，甚至有点觉得家长是在逃避责任。

在讲这个问题之前，我先给家长举一个我上课的小例子。部编版二年级上学期小学语文课本，开始学习拟人的修辞写作手法。在一年级教材中，对这个知识点我就开始渗透，但是只停留在感受的层次，也就是对于拟人句，让学生在读的时候感受这样的句子很生动很有趣。而到了二年级上册的第七个单元，对于拟人句的感受就变为：读一读句子，从哪里感受到这些句子写得很有趣味性。

比如："我要把大海藏起来。于是，雾把大海藏起来。"

这句话就是把雾当作人来写，用到了拟人的手法，在句中赋予"雾"

这种自然现象以人的语言和人的动作。拟人手法是最简单也是最常见的修辞方法。可是对于七岁的孩子来说，它是一个崭新的知识点，只要是新知识对孩子来说掌握起来就会有一定的困难。为了让孩子弄懂这句话为什么有趣，我是这样设置的：

第一层，借助朗读，引导学生分析出这里把雾当作人来写了；

第二层，找出句中哪些是人才有的特征；

第三层，带着学生模仿这样的写法，模仿人说话，模仿人做动作；

第四层，扩展，让学生懂得还可以模仿人的心理、神态。

在课堂上，进行到第三层的时候，又先采取挖空的方式：

1. 铅笔咣当当落在地上，生气地说："（　　　　）"
2. 汽车一辆接着一辆飞驰而过，小草叹着气说："（　　　　）"
3. 大树（　　　　）头发，自豪地说："（　　　　）"

接着，学生模仿这样的方法独立说句子，我会：

先找语言表达能力和想象能力强的孩子，独立说。

然后找中等水平的孩子，扶着说。

再引导语言发展慢的孩子，帮着说。

最后，用这样的方法写一句话。

这样的一道习题的讲解要用三十分钟。

我举这个常态下的上课片段，只想说明一个问题，小孩子学习知识的过程不是简单一说就能掌握的，需要老师精心地设计，分层次地训练，才可以达到学习掌握的目的。而且根据我的以往经验，即使在课上每个孩子都写了有拟人修辞方法的句子，在相隔一日后，还会有将近三分之一的学生写不好或者写不出来。

正是我有了二十八年和孩子打交道的经验，我才更了解孩子，更懂得他们的成长是慢慢地、一点点地引导式的成长，而不是具有天赋的自我管理式的成长。回到前面的问题"尊重孩子的选择，是不是选择图书最好的方式呢？"我的回答是小学老师式的层次繁琐的回答——不全是。

长期的教学经验告诉我，小朋友任何一种技能的形成，都是依靠自我社会认知的不断丰富而逐步形成的，而社会认知不断丰富的手段，包括孩子的观察、感受、体会、模仿。在读什么样的书这个问题上，同样要让孩子借助这些手段逐步达到自我选择。在这里要分成几个阶段来讲。

第一阶段，孩子阅读兴趣的培养阶段，需要尊重孩子的自主性。

我儿子最初没有对图书产生兴趣的时候，我们是把他带到书店，让他先有了书的概念，他最后选择首先和迷宫书做朋友。尊重他的自我选择，让他深入阅读这一类书，这个培养阅读兴趣的阶段要充分尊重孩子的自主性。因为每个人的大脑不同，对外界刺激符号的反馈就不同，喜好自然也会有差异。先尊重孩子的自我，让他和图书成为朋友，这个过程是完全自愿的。家长最好不要进行外界干预，哪怕您认为孩子的选择不是您所期望的，也要采取肯定的态度。

第二阶段，具有了一定的阅读意识，需要外界的干预，引导孩子逐步达到深入阅读的目的。

经常有家长和我说："我的孩子只看一类书，其他书都不喜欢看。"这就是在孩子对图书有了兴趣后，家长没有及时给孩子多样性的选择图书的引导，才会让孩子在已经形成阅读习惯之后，很难接受外界的积极建议，改变自己的阅读习惯。事实上一种习惯一旦形成，也很难改变。

当然干预孩子的阅读选择，不可以用权威式的、命令式的方式，我们需要通过自己的行为引导孩子。一般来说孩子喜欢上阅读都是在7岁左右，在校内学习，识字量达到一千多个字后，基本不借助拼音就可以把一些语言读懂。而这个过程大部分孩子都是喜欢阅读童话类的故事书籍。因为这类书籍人物的形象更贴近儿童想象的世界。语言以短句为主，孩子阅读不困难。大部分没有过多的修饰语，以日常化的语言为主，更便于孩子理解。故事中涉及人物比较少，线索简单。孩子到了三年级的时候，有些就会走出童话世界，开始阅读一些现实题材的小说，愿意去探索更多故事中的人物经历；有的喜欢一些想象丰富的幻想性的小说。不管是哪一类都属于故事更加跌宕起伏、人物形象更加饱满的类型。

也就是说孩子进入三年级左右，喜欢阅读的孩子已经有了自我选择图书类型的意识，如果家长不进行外界的干预，那么孩子就会只选择自己偏爱的一类图书。在选择图书的品种上就会单一，通过阅读让孩子知识更丰富的目的就会很难达成。毕竟同一类的书籍营养还是不全面的。

引导孩子读书的方式有很多，每一种都要根据孩子的个性选择，而不可以强压。

第一，如果家长也是爱读书的，可以尝试采取游戏性的阅读引导。

随着社会的发展，很多家长都是受过良好教育有着很好阅读习惯的家长，我经常能够透过微信圈看到我的学生家长晒自己的阅读心得，这类家长已经把阅读和自己的生活紧密结合在一起。阅读习惯对每个人来说都是一笔财富，身为家长要充分利用这笔财富。如果您觉得自己孩子阅读内容过于单一，可以和孩子采取做游戏的方法激发孩子广泛阅读的兴趣。

比如家长可以选择一本您期待孩子阅读，并且孩子具有阅读这本书能力的书和孩子一起阅读。一起找找书中的秘密。在亲子互动中，让孩子积极参与新内容的阅读。这样读完一本后，孩子只要不是十分排斥，就可以进行第二本。当然家长可以根据自己的奇思妙想，让游戏的形式更加有趣，这样孩子参与阅读的兴趣会更浓。比如谁没有找到答案，谁没有按照规定完成阅读，可以采取一些劳动交换或者愿望星实现的方式。

八九岁的孩子没有自己的世界观，思维简单，很容易被外界干扰。他们也愿意参与一些游戏性的活动，借助家长自身的优势，采取有趣的阅读方法，是可以达到让孩子的阅读内容更丰富的目的的。

第二，如果孩子喜欢某一位老师，可以借助向师性，对孩子进行引导。

到了三年级，孩子对老师的判断已经非常准确，孩子对老师的评价也更加自我。家长可以借助老师的帮助，把自己希望孩子阅读的书让老师转交给孩子，形成一种奖励式的阅读引导。很多孩子，特别是优秀的孩子非常在意老师的评价和肯定，对这类孩子，老师参与阅读选择，对孩子的改变更快。

第三，采取期待式的阅读引导。

总是读一类书对于长期有效的阅读肯定是不好的，我们希望孩子阅读的内容更加丰富，喜欢的图书类型更多。在学生形成自我为主的阅读风格之前，给予孩子更全面的引导会让孩子阅读的效果更好。要知道，三年级的孩子情感是很敏感的，对家长的肯定和赞美也是非常在意的。家长可以借助孩子这种心理特点，给孩子提出期待，通过谈话把自己的想法告诉孩子，获得孩子的配合。家长要注意自己的态度，不可以强制要求孩子服从。

9 有没有快速阅读的窍门？

很多找到我的家长，特别是到了五六年级的小学高年级阶段的学生家长，诉求最多的就是："孩子不读书，阅读不会做，有没有能够让孩子快速阅读增加知识储备的方法？"我的回答也许有些不近人情，对这些着急的家长有些伤害。我认为，学习本身是一个过程，这个过程要是减少了哪一个环节，一定无法形成完整的闭合链条。减少不可以，缩短就可以吗？中国民间有一条如同真理一般的生活经验：夹生饭很难熟。学习就如同做一锅米饭，如果我们做了一半还没有熟透就关了火，之后要想再做熟就会变得很难。学习分为很多种，其中一种是能力的学习，如果说内容的学习，我们可以不受时间、空间的限制，只要我想学了，什么时候学都来得及。但是能力的学习需要随着时间的变化而逐步形成，它不是我们想做就可以做到的。

阅读不仅是一种习惯，更是一种能力。当然，什么时候想读书，什么时候要训练这种能力都是可以的，但是对于学生来说，阅读是有着多重作用的：一方面阅读可以提升人认识事物的能力，提高自己的内在素养，提升自己辨别善恶的本领；另一方面阅读还是学生参与学习活动的重要手段、重要技能，会读书的孩子对语言的理解会更容易，对知识的把握会更便捷，考试分数也更稳定。也正是阅读对学生来说有着重要的特殊的作用，所以，爱孩子的家长才会为孩子焦虑，想找到一条捷径，让孩子拥有这种阅读能力。家长的这种心理我特别能够理解。

我经常对孩子们说一句话："天下最爱你们的就是爸爸妈妈。"不是我倚老卖老，在这二十年的教学生涯中，我上的最深刻的一课就是：爸爸妈妈对孩子的爱是无私的。平时和老师聊天的时候，每每听到年轻老师对不负责的父母不满意，我就一遍遍地说："当爹妈的都不愿意孩子这样，他们比你还要着急，还要难受。但是，因为是自己的孩子，实在没有办法。"

生活中有许多解决问题的小窍门，但是培养孩子阅读能力这件事，必须具备两个必要条件：第一，时间要足够长；第二，阅读活动要足够多。二者缺一不可。

首先，我们看快速阅读的第一个必要条件——有较长时间的阅读行为的积累。

前文我讲过，阅读行为对于孩子来说越早开始越好，不过孩子到了六七岁，有了一定识字基础了，再进行真正意义上的阅读，效果会更好。如果我们真的从胚胎阶段开始算起，最早进入阅读的孩子到了六七岁的时候，已经有了六七年的阅读时间，对一个六七岁的孩子来说，阅读这件事已经是一个老朋友了。如果从真正的独立阅读行为开始算起，宝宝两三岁时就可以借助图片了解简单信息了，到了六七岁，孩子也有了三四年的阅读史。

就在前两年，我教过的一名小男孩，我被他的语言天赋所吸引。

一年级刚刚入学的时候，他是班上四十三个孩子中最矮的一个，比最高的孩子矮了整整半个身子，他稚嫩的脸肉嘟嘟的，说话的时候满眼的真诚，一双漂亮的眼睛扇动着长长的睫毛，还有着幼童稚嫩特性的语调，让人一见就心生喜爱。

妈妈告诉我孩子是在美国出生，上的是双语国际幼儿园，也许是孩子出生就对语言格外敏感，才能适应母语和常用语言交替使用的生活需要吧，小家伙拼音学得出奇得好，学完声母，一教方法就会直呼了，一般学生达到直呼音节的水平要经过两周的训练。随着复韵母的学习，他可以直接读拼音读物了。一般情况下，一行十个音节，小朋友们需要五分钟左右才可以读完，而他和成人的阅读速度相差无几。

一本绘本在他手里，就如同一本小小书，他很快就读完了。因此，在一年级开学不到一个月的时候，他就可以抱着几十页厚的书读了。初始阶段阅读的孩子还不具备默读能力——不读出声来——他们都会一边用小手指指着音节一边出声地读，这个小家伙虽然不用手指指着读，但是依然会出声阅读。看着他一脸专注地读书，我觉得是一件非常有趣而幸福的事情。刚上一年级的小朋友，一下子还不适应学校一天的学习强度，所以我会安排他们趴在桌子上午休。可是这个小家伙就是不愿意，尽管拉着窗帘，关着灯的教室也很昏暗，他还是会偷偷地把书藏在位斗里读。既然他如此喜欢读书，我就特许他到教室外边的楼道读书。还没有窗台高的他，读起来认认真真，咿咿呀呀的读书声也为班级增添了一道风景。

到了三年级的时候，他已经开始阅读上千页的《哈利·波特》了。我们预测一下，有着如此丰富阅读经验的孩子，到了小学高年级，他的阅读小时数该是多少呢？按照每日两个小时计算，一年级到五年级：$2 \times 365 \times 5 = 3650$（时），将小时折合成天：$3650 \div 24 = 152$（天），按照每天八小时的工作时间计算：$152 \times 3 = 456$（天）。也就是在这五年中，他足足有一年多都在阅读。

这样的孩子和从五年级才开始阅读的孩子相比该有多大的差异呢？

其次，我们看快速阅读的第二个必要条件——阅读活动足够多。

中国有一句老话，形容一个人第一次做某件事的时候，虽然不会，但是因为接触得多，也可以模仿出一些来，这句话就是"没吃过猪肉还没看过猪跑"？反过来想，如果一件事情，既没有做过，也没有接触过，困难肯定要多于前者。如果一个学生到了小学中高年级，还没有养成良好的阅读习惯，想一蹴而就地喜爱上阅读，并有一定的阅读心得，肯定是困难重重的。

文字这种人类的发明，我觉得最为神奇，一个个文字符号相连之后，可以把每一人的所见、所想、所感表达得淋漓尽致，可以通过这些文字的组合，让一个内心平静的人痛哭流涕，也可以让一个伤心的人快乐起来。只有文字才可以达到这种如神药般的功效吧！

我们还是以上学学完拼音可以进入正式的阅读时间算起，如果一个小朋友借助拼音了解了文字符号要表达的含义，就可以了解句子、段落、文章的含义，借助这种学习活动了解到自己想要了解的一切。假设一个小朋友阅读了一本有关月球的书籍，他就会知道月球的相关知识，通过遐想实现登月的梦想；如果一个小朋友阅读了一本有关昆虫的知识，他就会在生活中认识更多的昆虫；如果一个小朋友阅读了一本有关公主生活的书籍，他就会了解到人们畅想的另一种生活方式。阅读是打开生活更多扇门的钥匙，同时在打开门的时候，阅读者的生活也立刻变得多元了。不仅仅是自我的每天二十四小时所经历的事情，而是你阅读过程中，所有人物的二十四个小时经历的事情，也有可能是你阅读的所有作者二十四小时所要告诉你的故事。这就是阅读魅力所在吧。

如果一个孩子从一年级开始阅读，每天读三页书，读完一本一百页的书大约是三个月的时间，一年十二个月可以读完四本书。一到五年级，五年时间可以读完二十本书。而随着年级的升高，五年级的学生的阅读速度一定快于一年级的同学，也就是到了五年级的时候，孩子的阅读总量是可以超过二十本的。二十本书所能承载的内容已经是海阔天空；相反对于一个从来没有阅读过的人，他储备的内容就要少得多。

我的先生是一个从小就养成了阅读习惯的人，而我相对于先生来说阅读实在太少了，也正因为如此，每次我在家里备课的时候，先生就是我的活字典。比如我备课内容涉及明代开国皇帝，我就会让先生现场给我说书，从开国皇帝朱元璋的童年说起。直到解决了困惑之后，我就会对先生说："可以去忙你的了。"而当我遇到某一个生僻字的时候，又会让先生帮我解说一下。

长期的阅读活动一定会增加一个人的社会阅历，缩短一个人用来丈量世界的时间。而如果一个没有如此阅读经历的人，要在短时间内追上已经有了良好阅读习惯的人，是一定有困难的。

也正是因此，对阅读活动来说，如果有窍门可循的话，那就是长时间地鼓励孩子坚持阅读活动。家长的前瞻性决定了孩子今后的发展，家长的态度影响了孩子今后的成长。让孩子掌握阅读这个窍门的恰恰是家长，只不过不能等到孩子已成少年时，而是孩子刚刚懵懂时就要开始。如果家长有这种对未来的预测性，有这种很好的计划性，您的孩子一定会拥有阅读的好习惯。

10 每天阅读多长时间为佳？

善于做计划是一个很好的做事习惯，用这样的方法可以有条理地安排很多事情，让单位时间变得更有效。也正是源于这种习惯，很多善于做计划的家长，就会问我："每天让孩子保持多久的阅读时间比较好？"解决这个问题，我们首先要明确一个观念：对未成年的孩子来说，任何学习活动都是为了促进孩子更好发展，都是在孩子身体健康、心理健康的前提下进行的。

我之所以先说这个约定，是因为在我的教学生涯中，遇到的佛系家长不少，但是遇到如郑人买履中郑人一样的家长也不少。

一个班上四十几名学生，肯定有的学生学习能力强，有的学习能力弱。造成孩子们学习能力强弱的原因有很多，我们暂且不去论述。有些家长可以很理智地接受这种差异，但是有些家长很容易钻牛角尖，无视这种差异的存在性，不管自己的孩子条件如何，都会一刀切地追求和其他同学一样，面对这样的家长，作为一名母亲和老师，我觉得最不幸的就是孩子。

我记得有一年我教一年级，不到一周我就基本上摸索出班上哪个小朋友理解能力较强，哪个小朋友学习上可能会遇到困难。无论是上课还是下课写作业的时候，作为老师，对学习困难的学生都会给予一定的帮助，扶着孩子完成应该完成的学习任务。

那年开学不到一周，我就明显感觉班上一个小朋友学习知识的能力很弱，别的小朋友很快就能把三个汉字记住了，但是反复地说很多遍他还是不会。课下的时候，我还会单独拉他过来再次辅导。

这样经历了一周多，我开始对他和其他同学进行分层管理，也就是要求别的同学记住三个字，只要求他记住两个字，剩下的一个字，再分解到其余时间。这样做的结果，孩子学习的压力降低的同时，学习的效果在表面上看会低于其他同学，但是客观地说，对他自己来说效果是最优的。原因是：第一，孩子可以保持良好的心态，持续学习；第二，学习活动是点连点形成的一个线状存在体，学习的内容没有止境。孩子能够把每一个知识学懂学会，胜于囫囵吞枣；第三，孩子的学习动力不会被摧毁。任何事情的继续和动力都有一定的关联，刚刚开始学习的孩子，自信心的建立就更为重要了。

但是不到一个月，我发现了新的问题，孩子上课的时候会犯困，回答问题没有了往日的快乐，对于知识的学习有一种很强的抵抗心理。在和他聊天中，我得知妈妈给他买了很多练习册，而且还报了好多个课外班，有数学思维拓展、写话、书法，等等，五花八门。

那天下班的时候，我约见了家长，从家长的口中证实了孩子所说的话都是真实的。我也很耐心地听了妈妈的想法。妈妈的想法其实很简单：别的孩子都在学，我的孩子必须学。我很真诚地告诉妈妈：从最基础的做起，远比贪多嚼不烂实用得多。非常遗憾的是妈妈并没有听取我的意见，而是一意孤行地给孩子安排着超出他能力的学习任务，试图借此精心打造出一个优秀少年。对这样的家长，我身为一名老师，能做的除了站在教育者的角度，结合教育学的规律给一些合理的意见之外，并没有太多的方法。

到了三年级的时候，孩子的成绩一塌糊涂，稳稳地处在班级末游，而且和其他孩子相差很远。

我先讲这个故事，是想告诉家长，合理地安排孩子读书的时间，要根据每个孩子的实际状态而定，除了教育法规定的学习内容之外，其他学习内容都属于补充性学习，都超出了适龄儿童的基础学习任务，这就要科学地根据每个孩子的个体健康，有效地安排。

那么一般意义上，每日的阅读时间多久为宜呢？可以把这个阅读时间分成两个时间模块来计算。

第一，利用零散时间进行的阅读活动。

我们先把不适合利用的零散时间做一个排除。

1. 上学路上不适合阅读。无论是坐私家车上学还是坐公交车上学，在车上阅读都会导致视力的下降。即使步行上学也不适合阅读，在移动过程中，眼睛反复地对焦，不利于视力的保护。而且在分神状态下，安全也存在很大隐患。所以上下学的路上的时间不建议孩子进行阅读活动。

2. 吃饭的时候不适合阅读。中国有一句古话：食不语。也就是吃饭的时候，不适合说话，古代的时候是出于礼仪的需要，但是从现代的健康角度看，这条古训也非常合理。因为在吃饭的时候，胃部需要大量的血液用于消化，说话或者做其他事情都会干扰胃部的消化功能，所以，为了孩子的身体健康，这个时间不利于孩子进行阅读活动。

3. 学校课间不适合长时间的阅读。很多小朋友喜欢在课间进行阅读活动。这点要分开来看。比如前一节课如果进行了大量的书写，集中注意力的时间较长，这样的课间就应该让眼睛休息，不适合再进行阅读。但是如果上一节课是科学活动课，在课上大量的时间眼睛都处于休息状态，那么这样的课间就适合做阅读活动。通常情况下，小学阶段的学校课程安排都是用眼时间较长的课程放在第一二课时，比如数学课和语文课通常在上午第一节和第二节。因为这样的学科要讲练结合，就会有大量集中用眼时间。所以上午一二节课课间不适合进行阅读活动。

4. 完全躺平之后不适合阅读。有着较好阅读习惯的人，习惯在睡觉前看几页书，如果是坐在床上，可以进行阅读，但是如果是躺平了不建议进行阅读。现在儿童视力的发展不容乐观，大量孩子的视力都很糟糕。而平躺状态下阅读是不利于保护视力的。

5. 如厕时间不适合阅读。现代人都习惯在卫生间里看书。从健康学的角度看，如厕的时候不专心致志，并不利于肠胃的蠕动，不利于身体排除废物。所以不要让孩子从小养成如厕看书的习惯。

可以进行阅读的时间：

1. 午休的值日时间。以我所在的学校为例，很多老师就安排得非常好，中午同学们做值日的时候，让孩子们拿着地垫坐在楼道里看书。值日的时候，教室里会有扬尘，不利于孩子的健康；而楼道里空气流通，上了一上午的课，孩子的大脑需要新鲜的空气，利用这个时间看些短小的篇章是个不错的选择。

2. 课后管理时间。根据新的"双减"政策，孩子们在校的时间延长，每个学校安排的内容不同，有的学校开展丰富多彩的文艺活动，有的学校尊重孩子自我选择，安排了以学生为主的学习活动。如果孩子能自主选择学习项目，阅读是个不错的选择。

3. 早上入校后到上课前的准备时间。每个老师的授课习惯不同，有的老师会统一安排学习任务，有的老师会尊重孩子的自主需要。如果这个时间老师没有安排具体任务，是不错的插空阅读的时间。

4. 每日在家吃饭前后。无论是妈妈做饭前，还是吃过饭后，吃饭前饥肠辘辘，学习效率不会高；刚吃过饭，胃部需要大量的血液来消化食物，学习效率也不会高。这个时间捧起一本自己喜欢的书，既充实，又有意义。

第二，可以进行集中阅读的时间。

有过阅读经历的人都有这样的感受，如果有本书的内容和写法是自己喜欢的，一旦开启阅读之旅，是无论如何都不愿意停下来的。也正因为阅读有着这种魔力，所以进行专注阅读是十分必要的培养阅读兴趣的好方法。

1.周末休息时间。在周末的两天休息时间里，可以给孩子预留出阅读时间。如果家长安排了外出，可以把外出时间推迟一个小时，先让孩子进行沉浸式的阅读。比如，预定八点从家出发，那么七点就可以让孩子进行阅读。当然，如果还没有好的阅读习惯的孩子，会因为要出去玩，而变得兴高采烈，而不愿意认真阅读。

这种情况下，解决方案有两种：一种是外出回来后再阅读。但是这样往往是因为外出时间受各种因素干扰，无法保证按计划时间回家，因此会影响事先安排好的阅读计划。我们总是说"计划赶不上变化"就是这个道理。外出过程中不可控的因素过多。如果放在外出回来后阅读，家长一定要让孩子完成阅读计划。而不能三天打鱼两天晒网，让孩子做事没有计划性。这样长期说话不算数，计划不落实会对孩子习惯的养成极其不利。

第二种是放在外出之前。这样的安排对于一部分孩子来说会因为心有所念，心不在焉的阅读效果不好，所以家长的作用就变得尤为重要。在孩子阅读的时候，家长最好也安排和阅读相关的事情，比如可以工作，也可以看书。如果家长工作了一周，实在不想从事这样的活动，喝喝茶、喝喝咖啡、养养花、听听音乐，做一些安静的事情就可以。最好不要刷手机、看电视、刷锅、整理房间等，做这样有噪音、动作比较大的事情，因为家长来回地忙碌，会带着孩子的心一起浮躁起来。

在常年的工作中，我摸索了很多利于学生养成良好学习方法的可复制的规律。其中一个就是自习课的活动安排。一般老师安排自习课，会口头告诉学生这节课的任务。这样做的劣势是什么呢？有些孩子的能力较差，老师刚刚说完，就会又问："老师，写哪里的作业？""用几号本？""写完交到哪里？"等等问题，然后老师就再一次地讲给"他"听，而实际上老师在讲的时候，百分之五十的学生都会仰起头来听，于是一个人的问题变成了班上普遍性的问题，干扰了其他同学的学习。

发现这个问题后，每次我宣布"这节是自习课"的时候，我会按照先后顺序，用序号的方式，把任务逐条写在黑板上，不仅写上任务的内容，还写上完成的方法、上交的形式，让所有的学生一目了然。这样学生一节课也不会问老师一个问题，都会有序地逐条落实，教室成为了一间自习室。像这样有序地安排，可以提高孩子们个人的学习效率。

第二点，很多老师会在孩子自习的时候单独辅导。老师觉得孩子们在写作业，可以利用这个时间给个别落后的学生补课，殊不知这样做，老的知识是弄懂了，但是新的这部分学生又没跟上，变成了一个恶性循环。关键是，同学的走动，老师讲题的声响，一样会影响到全班同学。有的孩子就利用这个时间东看看西看看，而自己的作业一个字没写，因为他知道老师专心讲题，不会关注到他，反而让他有空可插，养成了边写边玩的坏习惯。

我在学生自习课的时候，一般是自己备课，从头到尾不和学生说一句，即使学生举手要问我，我也避而不答。长此以往，学生就不再举手，而是自己想办法解决问题。虽说我在低头备课，但是眼睛的余光一直在孩子们的身上，若是发现一点风吹草动，就会起身巡视一圈，有针对性地解决一些问题。

这样的做法，让每一个参与自习的孩子，都能安静下来。孩子们看到老师是安静的，也就会专注于自己的学习，这种集中注意力的学习方式一定会提高学习的效率。

通过介绍我上自习课的方式，我是想告诉家长们，没有安静不下来的孩子，只有安静不下来的家长。给孩子提出明确的任务，家长自己充当好的榜样，安静有序地完成自己的任务，这对于孩子来说十分重要。万事都是相通的，家长要理解读书是需要静的，而这个静主要是指心静，心静了自然什么事情都可以做好。

2. 每天晚上休息前的半个小时可以作为阅读时间。奔波一天的家长，上了一天学的孩子，这个时候，在精神上还有心理上都是最放松、最惬意的时候。特别是当一天的所有任务都完成了，将要上床休息时，我们的内心是最平静的。而这个时候，捧起一本自己喜欢的书，可以随着书中的故事一起畅游。

综上分析，一天中每个孩子都可以保证至少一个小时的阅读时间，我个人认为，如果合理地安排时间，一天一小时的阅读对小学阶段的孩子来说，不是一件难事。在家里的时间安排可以达到四十分钟，在学校安排二十分钟左右，合计是一个小时。对一些酷爱读书的孩子来说，时间当然可以更多。

11 有推荐的阅读书目吗？

很多家长对孩子非常负责，对孩子成长的每一步都做出严谨的计划，唯恐哪点考虑不周会让孩子成长的步伐变慢。这样不辞辛苦的家长同样对孩子阅读这件事也会做到未雨绸缪。家长朋友们在和我交流的过程中，习惯性地让我给孩子推荐一些合适的书目，每次听到这个要求，农村长大的我就会不由得想起，各家各户办喜宴的时候，由大厨师开单子的场景。

农村办喜事，要提前邀请大厨师到家里开菜单，开菜单是办喜事的前奏，主人家会邀请本家的一些长辈同来商议。那个时候年纪太小的我没有资格上前聆听，只是趴在门口，听着他们商议：几个碗菜，几个凉菜，几个热菜，还有什么样式的鸡鸭鱼肉。更重要的是要根据本家参与宴会的人数，算出每一种菜肴原料的斤数克重，当天使用的调料煤炭都要算得清清楚楚。我那个时候就在想：做个厨师真的很了不起，知道这么多学问。

推荐阅读书目这件事也同理，因为我觉得这是一件需要丰富经验的掌勺人才可以做到的。食材很多，但是端上桌的却差别不大。比如鱼类的选择：鲤鱼、草鱼、鲢鱼、黄鱼、鲑鱼、鲈鱼，能够出现在桌上的基本也就是这些了。烹调的手法也无非是常见的几种：红烧、侉炖、糖醋、清蒸、干炸。这样一分析，似乎开出一份令主人家满意的菜单也不难。

开菜单不是在中国的八大菜系中去大海捞针。而是把可能有的材料梳理出来，再加上可能使用的技法，安排合理的菜品。同样道理，给自己的孩子确定一份好的阅读书单，其实不用家长大海捞针，只要按照一定的逻辑梳理，这件事就会变简单。

第一，从年龄的角度考虑阅读书目。

年龄是一个不可逾越的客观条件，一个四岁的孩子不可能去看《傅雷家书》。每个年龄段的孩子认知水平不同，拔苗助长式地让孩子去阅读一些不适合的书目肯定是有百害无一利的。我在前文说过，从婴儿还是胚胎时就可以和书成为朋友，但是孩子真的具有阅读的自主能力，要到三四岁，这个年龄是孩子语言发展的爆发期，也正是因为如此，孩子的认知水平会迅速地发展，图书就成了孩子打开更广阔世界的有效手段之一。所以这个阶段孩子的阅读，从形式上肯定是以色彩艳丽的、大幅图画、少文字的绘本或者百科类图片书籍为主。

六岁之前的儿童，有了一定的识字能力，尽管这个时期的孩子对于汉字的识记还是停留在图片模式，他们对于汉字的内涵还不是很清楚，但是可以初步了解汉字的使用规则，并能够联系图片对字义有初步的了解，所以这个阶段的孩子还是以阅读图画为主的图书为主。

六岁左右的孩子已经初步掌握了汉语拼音，可以借助汉语拼音阅读篇幅较短的文章，最初学习拼音的时候，快速地正确拼读会有困难，所以孩子理解文章还是要依托图片，可以阅读文字较少的绘本类读物，篇幅较短的科普类读物也是比较好的选择。

七八岁的孩子，已经掌握了基本的常用汉字，可以比较顺畅地阅读一般性的文学作品。因此可以选择非拼音读物，内容的选择范围就会更宽一些。

再大一些的孩子，已经有了自己的阅读喜好，对阅读也有自己的见解，在选择阅读书目的时候，尽量尊重孩子的选择。但是并不代表家长就可以完全放手。我和很多家长都反复强调：孩子就是孩子，之所以孩子需要监护人，是因为他们的社会判断能力还不够，社会认知还不全面，需要监护人帮助他们筛选，把握方向。

到了高年级，孩子们是很容易产生集体效应的，全班阅读同一本书的现象不是偶然，比如当年《明朝那些事》刚刚出版的时候，孩子们就纷纷传阅，因为它的确是一本好书。然而有一次，我看到孩子们都围着看一本书，出于好奇，也凑上去看看，可是拿过来一翻阅吓得我后背直出汗，这是一本犯罪小说，不是简单地描述推理的过程，而是把犯罪的过程血淋淋地描写出来，而且还有大量的不适合儿童阅读的反人性的内容。我把书没收后给孩子们讲了为什么不可以看这类书籍。

所以，孩子们容易被一些不健康的内容吸引，这就更需要我们家长起到监管的作用。

第二，从阅读内容的角度考虑阅读书目。

我们经常用"书的海洋"来形容书之多，所以要让我一个小学老师给您推荐书目真的很难。但是再多的书，都有一定的规律可循，否则图书馆、书店就要乱成一锅粥了。借助我对学生的观察，孩子们喜欢阅读的书目有以下几类：

1. 故事类。低年级的孩子阅读的故事以童话、民间传说、成语故事为主。这类故事的特点是内容比较容易理解，形成鲜明的善恶对立面，因为孩子们对是非的判断能力还较弱，而这类故事观点鲜明，孩子们不会被文字的表象所迷惑。到了中高年级，故事的内容就开始丰富起来，不仅有童话、民间传说的故事类型，还有自我体验式的内容，比如反映孩子生活的文学作品。这一时期的孩子想象力丰富，有超常的塑造能力，很多大胆想象类的故事内容更受孩子们欢迎。相对于成人来说，孩子们的世界更是充满了真善美，他们有一颗强大的保护弱小的心，所以以动物为题材的故事类作品更受孩子们欢迎。到了高年级，孩子们的阅读内容就更宽泛了，事实上这一时期的孩子更愿意窥探成人的世界，所以描写成人世界的故事类型更受孩子欢迎。但是很多时候，家长们会觉得这样的内容不适合孩子，而对孩子的阅读加以阻止，其实我倒觉得，高年级的孩子，已经有了青春期的萌动，让孩子们更多地认识成人的世界，更利于引导他们健康成长。

2. 科普类。低年级的小朋友其实更喜欢科普类的书籍，这类书读起来语言直接，更容易理解，一般这类书籍以拟人的写法为主，所以孩子们有自我体验的过程，更容易接受。但是到了中高年级，孩子们反而不喜欢这类书籍了。因为进入高年级后，孩子们对文章的语言风格要求更高，这类书籍的语言相对单调，读起来不够优美。

3. 历史类。历史类的书籍是每一个年龄段的孩子都可能喜欢的。因为历史离不开人物，人物离不开故事。听故事、看故事，是孩子展开想象的最好凭借。据科学家研究，小孩子的想象力是优于成人的，孩子们的创造力随着年龄的增长反而逐步下降。所以，这种具有时代感的反映历史的故事题材，想象的空间很大，很受孩子们欢迎。而且每个孩子的心里都住着一位英雄，这些历史故事大多以正面宣扬为主，都是有英雄主义风骨存在的。也更容易满足孩子们的心理需要。

4. 科幻类。对于低年级的孩子来说，科幻类的内容读起来比较晦涩，不容易理解，而到了高年级，这类书籍反而能激发孩子们内在的挑战心理，对外太空的探索，对魔法世界的探秘，更符合他们觉得自己已经是大人，可以勇闯天下的心理感受。

5. 地理类。我很少看到孩子们阅读这类书籍。一方面这类书籍相对比较枯燥，另一方面，空间感的建立对孩子们是最难的，很多孩子到了初中后地理学习都很困难，我估计和小时候阅读此类书籍少也有一定的关系吧。

第三，从阅读促进课堂学习的角度考虑阅读书目。

培养孩子的阅读习惯，家长的目的有两种：一种是希望自己的孩子借助阅读，提升内在的修养；一种是借助阅读提升孩子的学习成绩。也许因为我是老师，我接触的家长更多是第二种目的。我觉得这种务实的态度很好，因为人的素养是一辈子慢慢提升的，而集中学习的时间就是从小学到大学这短暂的十几年，无论是学校内的学习，还是学校外的学习，在学习阶段提升成绩都是一件对学生来说很重要的事情。因此，考虑到这点，我们在选择阅读书目的时候，就可以配合课堂。

1. 从《语文课程标准》要求的书目入手。根据语文课程标准，每个年级都有具体的阅读数量和必读书目。这个全网都可以查阅。

2. 从语文课程的安排入手。人教版语文教材采用的是单元主题的学习方式，一个单元一个主题。比如有的单元是介绍世界建筑的，有的单元是介绍风景的，而一本书就八个单元，借助目录就可以知晓每个单元的具体内容。根据单元学习内容，以阅读书目作为补充是一个很好的方法。这样既可以丰富孩子的阅读内容，又可以紧密地配合课堂所学，让孩子在课堂上展示出更多的知识储备，获得自信心。

12 为什么我的孩子不爱读书？

阅读可以让孩子更独立地认识世界，提升自我分析理解的能力。阅读活动不仅能开阔孩子的眼界，还能让孩子的内心得到滋养，变成一个更有内涵和思想的人。所以，很多家长都会重视从小对孩子阅读习惯的培养。但是，孩子渐渐长大了，家中摆满了各种书籍，可是孩子翻得实在少之又少，家长发现自己的孩子并不爱看书，这是为什么呢？

我遇到过很多热爱阅读的孩子，阅读是真的让他们找到了生活的幸福点。但是，也有些孩子拿起书就是装装样子。

就在去年，我刚刚送走了三年级，我是从一年级一入学就开始培养他们阅读习惯的。三年结束后，同样一个班的学生，在相同的老师培养下，同学们做问卷调查：特别喜欢阅读的有十二人，喜欢阅读的有三十人。没有一个人选择不喜欢或者比较喜欢阅读。孩子自己选择的和家长反馈的却有差别。家长的反馈结果是：特别喜欢阅读的是八人，喜欢阅读的是十七人，比较喜欢阅读的是十一人，不喜欢阅读的是六人。从两种不同的途径对相同的样本进行调研，得到的结果却不一样，这是为什么呢？

一方面，孩子和家长对"喜欢"的理解不同。作为家长会觉得孩子到家手捧图书、书不离手才是真正意义的喜欢。而学生认为，一有时间就会拿起一本书读一读，就是喜欢，因为定义不同，所以结果也不同。

另一方面，家长作为一个客观者，站在观察者的角度，看到的是孩子展露出的表象，是通过现象进行评价的。而学生是评价的主体，是站在主观者的角度进行评价，评价的依据不仅仅是自己的行为，还有自己的内心。即便表现出来的不是手不释卷，但内心是非常喜欢阅读的，孩子就认为自己算喜欢阅读。

不管是什么原因，我们发现家长对孩子是否喜欢阅读的评价，低于学生自己的评价。这又说明了什么呢？说明家长对孩子的阅读期望值是高于学生自我的期待值的。借用我们常说的一个词，家长都喜欢望子成龙。

现在再回到标题中的问题：我家孩子为什么不喜欢阅读？不是孩子不喜欢，是家长对"喜欢"的概念界定和孩子的能力水平有差别，才会产生家长觉得自己孩子不喜欢阅读的假象。

但是，不是所有的家长反馈的都不属实，有些孩子是真的没有阅读习惯。

我将去年我教的四十二人的三年级和我今年教的三十四人的二年级比较，两个班孩子对于阅读的喜爱差别就很大。

已经上了四年级的班级，我是从一年级开始对孩子们进行阅读习惯培养的，采取了长期引导、阅读训练、活动启发、课程引入等策略，到了二年级的时候，班上的同学明显表现出对阅读的喜爱。当时，班内有一个小书架，书架上是同学们捐献的自己最喜欢的图书，大约有一百五十本，只要到了课间，同学们都喜欢挤到小书架前找一本自己喜欢的书阅读。

我记得，有一次孩子们因为阅读后没有整理书架，书掉了一地，我非常生气，命令班上的两名同学把所有的书都放到学校垃圾站去，当我说出这个决定的时候，孩子们都傻了。有一个小朋友立刻号啕大哭起来，接着班上好几名女生也开始默默流泪，紧接着所有的同学表情都难看极了。我平复好自己的情绪后问第一个哭的孩子："你为什么哭？"孩子一边抽噎着，一边说："您丢的……都是……我们……喜欢看的书。"当孩子说完这句话之后，班上哭声一片。

从孩子们的表现可以看出，书——已经是孩子们最重要的朋友了。

我现在带的这个班是九月份刚接手的二年级，我也想复制之前培养孩子阅读的方法，第一周也是让孩子们每人带来一本自己喜欢的书。结果，班上只有一半的同学带书来。同学们带来的书可以分为两类，一是漫画类的，一是绘本类的，而纯文字的书在十九本中，只有三本。从这个现象看出，这个班孩子的阅读习惯并不好。在接下来的日子里，无论是自习课还是课间，我都在引导孩子们看书。我发现一节三十分钟的自习课，有的孩子会来回换三四次书，看上去在看书，实际静不下心来。开学后的第二个月，我又发动同学带书到班上，这次带来的更少，只有两名同学带来。

我对比这两个班级，是想告诉家长，要想让孩子养成良好的阅读习惯，从小的引导很重要。我们再回到问题："为什么我的孩子不喜欢阅读？"在问这个问题之前，我们家长要回答："您给孩子做了哪些阅读引导训练呢？"

任何一种习惯不仅需要时间的培养，更需要方法的引导。培养孩子的阅读习惯，一方面来源于学校老师对他们阅读意识的培养，一方面就来源于家庭的有效训练。在这里家长需要更新几个观念：

第一，买书不等于看书。

我的儿子是爱读书的，他有一个很小的书架，大约可以放五十本书。一方面受我家空间的限制，实在没有条件给孩子提供更多放书的地方，另一方面在儿子的世界里其实有两个更大的书架——书店和图书馆。我家距离书店和图书馆都很近，儿子一有空就会去图书馆看书。对于他来说，书是不是买来的不重要，只要有书看就可以了。

从我儿子这个个例也可以看出，买书不是重点，看书才是重点。

反过来，很多家长给孩子买了一屋子书，孩子却一本不看。就在前几天，一个朋友为了让我帮助她解决孩子的学习态度问题，特意请我到她家里做客。她家很大，足有二百多平方米，家里的书柜也很多，大大小小加在一起有十来组，书架上大部分是孩子的儿童书。聊到书这个话题后，我问妈妈：孩子现在看什么书？妈妈随手从沙发上拿起一本孩子正在阅读的百科知识书。我认真地翻阅，这是一本记录昆虫知识的书，书的插图很精美，一看就是一位出色的摄影师的作品。文字、拼音的字号也比较大，很适合儿童阅读，眼睛不会累。每部分的内容二百字左右，长度合适。再认真读内容，每一个段落介绍了一种昆虫的习性，语言流畅，表达清晰，内容简洁，很适合她三年级的儿子阅读。我赞美道：这是一本适合孩子阅读的好书。妈妈一听开心极了，又从旁边的一组书柜里拿出十几本书，都很新，如同没有看过一样。妈妈说：这是夏天买的书，孩子还没有来得及看。我拿起一本书翻阅，书的内容还是以百科知识为主，有军事的，有天文的，还有植物的，内容丰富，都可以称得上是好书。

妈妈在说话的时候，我捕捉到了一个重点词"夏天"，而现在已经到了冬天，也就是书买了半年还没有阅读，那么在家里书柜中陈列的是否还有这样的书籍呢？

从这个偶然的发现中，家长们也应该受到启发，不是家长买了书就代表孩子进行了阅读。我建议愿意给孩子买书的家长可以这样做：

1.购买的图书要是孩子自己喜欢,并且想得到的书。

在家长买书之前,应该先询问孩子需要什么书,想阅读什么书,让孩子开出阅读计划单。这样比家长通过揣摩孩子心意购书获得的阅读效果要好。

2.一次购买的图书不要过多。我们只有一双眼睛、一双手,一次也只能做一件事情。一次购买很多书尽管方便,但是会潜移默化地给孩子一个信号"获得书籍很简单",反而会降低阅读的速度和阅读的兴趣。只有不容易获得的才会珍惜,书也是如此,要让孩子有一种阅读期待心理。

3.每次购买的图书,必须要有阅读跟踪。

孩子主动索要的图书,是否每日在阅读,每天读了多少,阅读速度在提高吗?阅读的效果如何?这些问题是需要家长密切观察并得出结论的,如果孩子并未阅读,就要引导孩子。如果反复引导后,孩子还是不阅读,就要适当地批评教育。

家长要坚持一个原则,就是孩子决定做的事情一定要有始有终,不能虎头蛇尾。如果买书不看,看书不管,孩子就会养成看不看书都很随性的习惯。坏的习惯一旦养成后,就很难纠正。

第二,阅读自己喜欢的书效能高于被命令阅读的书。

现在很多家长都具有高等教育背景,博士、硕士、本科学历的很多,而且有些家长也有自己长时间阅读的经验和经历,总想告诉孩子应该读什么书。这样做是一把双刃剑,对一些对家长有崇拜心理的孩子来说,家长推荐的书籍他会首先阅读,这样不仅可以拉近孩子和家长的距离,促进亲子关系,还可以让整个家庭都具有统一的读书风格,便于家人一起交流。而有些家长因为教育方法不当,孩子很早就对家长产生抵触心理，家长推荐的书他们永远不会去读。

我个人觉得，如果是家长引导孩子读书，并给孩子推荐书目，首先要有一个和谐的家庭氛围，孩子可以接受爸爸妈妈的意见，如果不是这样的状态，家长就不要强行给孩子推荐书目，更要尊重孩子的喜好，让他顺其自然地进入阅读世界。

第三，家长不阅读，只让孩子阅读很难。

我身边有些家长走出校园十几年基本没有摸过一本纸质书，特别是八零后、九零后的家长，对于手机的依赖已经成为一种无法改变的嗜好，无论是看视频还是看书，都是通过手机完成。尽管很多家长也在阅读，但是孩子在潜意识里，认为家长拿着手机就是在娱乐。

榜样的力量是无穷的，家里没有读书氛围很难让孩子真正喜欢上阅读。很多家长工作繁忙，每天加班时间长，工作强度大，身体处于严重的透支状态，所以没有时间和体力阅读，我非常理解。面对这样的情况，我们家长可以怎么做呢？

1. 营造读书氛围。读书的氛围是不可少的，如果家长意识到孩子因为家长用手机而对纸质书没有兴趣，那么建议这类家长，至少在自己常停留的地方放上一两本会阅读的书籍。要让孩子的世界里有书，他才知道书是干什么的。

2. 留出给孩子读书的时间。如果家长手里的手机放不下，我们可以陪同孩子做一个强迫训练，每天把自己看的书，读给孩子听，只要内容健康，适合孩子聆听就可以。让孩子知道爸爸妈妈有自己的阅读世界。这种朗读的方式，可以在让孩子了解成人世界的同时，促进亲子关系。

3. 工作繁忙的家长要告诉孩子您在读书。中国人是含蓄的民族，我们很少把自己的心意表达出来，但是孩子搞不懂的事情是需要家长清楚地告知的，这样可以让他们更直接地接触到自己无法理解的世界。也许家长工作忙，自己阅读的时间都不是孩子能观察到的，我们不妨在和孩子交流的时候，直接告诉孩子自己每天什么时候读书，读什么样的书。如果孩子感兴趣，直接把书给孩子看一看，让孩子更直观地看到爸爸妈妈也在保持阅读。

第四，表扬是任何习惯养成过程中不可缺少的策略。

小孩子的成长最离不开的就是"表扬"。家教界有一句话是"好孩子是夸出来的"。就在昨天，我到一个朋友家做客，她家的小宝宝两岁零三个月，我要离开的时候，照顾他的阿姨正在给他一页页地翻书，他看得特别认真。妈妈说："宝贝，和阿姨再见。"他扭过头，和我摇手，我正好和他搭讪："小宝都会看书了，真了不起呀！"他听到我说他的书，抱起书走过来给我看，我接过书，他一页页地学着阿姨的样子给我翻，偶尔看到自己熟悉的事物，还会给我讲一讲。

孩子之所以有这个动作，是因为我表扬了他，所以他表现很积极地要和我一起看书。这就是儿童的世界，你只要给予他一点点的肯定，他就会进步一大截。如果孩子在阅读的过程中，家长及时给予孩子肯定，就会激发孩子对阅读的兴趣。可以采取简单的评价方式，比如看完一本书，在家里显著的位置标上书的名字，放上一面小旗子，就像登高一样，激发孩子更上一层楼。

第五，充分利用孩子的心理特点，激发孩子的阅读兴趣。

有的时候，我们越让孩子做某一件事，他越不愿意去做，而我们阻止孩子去做的时候，孩子的积极性反而很高，这和孩子的心理有着密切的关系。儿童都有着很强的求知欲望，孩子在不愿意阅读的时候，我们让他去干别的事情，也许他反而会选择坚持阅读。

要培养孩子养成好的习惯，需要读懂孩子的每一个行为特点，知道他们心理发展的轨迹，这样才可以事半功倍。

13 阅读需要正确的姿势吗?

小学语文一年级的第二课课文中写道:站如松,坐如钟。借助语文课本引导孩子从小坐有坐相,站有站相,看来正确的姿势很重要。很多家长发现自己的孩子阅读的时候,什么姿势都有,就很顾虑地提出:"阅读时需不需要一个正确的姿势?"

要回答这个问题,我们就要弄懂什么是正确的读书姿势。

1. 坐的正确姿势:在读书写字时,要求先坐好,头正,肩平,身要直,胸稍挺起,两肩自然下垂,两条大腿平放在椅面上,两条小腿并拢,双脚平放在地面上。

2. 读书的正确姿势:读书时,双手捧着书本,书本上端稍抬高与桌面成四十五度角,头稍向前倾,这样容易看清字,还能避免颈部肌肉紧张和疲劳。

我相信这样的姿势家长们很少在家里看到,大部分孩子读书的时候都是随意而坐,或者倚靠在沙发上,或者坐卧在床榻上,还有很多孩子就喜欢双腿一团,坐在地板上。这样的读书姿势好不好?作为老师肯定要告诉您,正确的读书姿势有利于孩子骨骼的发育,对于孩子的视力以及身体发育是有好处的。但是自由懒散的阅读姿势可不可以呢?我是做教育的,凡事都会站在孩子的角度思考,我会想:为什么孩子们阅读的时候不喜欢用正确的姿势呢？

就在前几天，我到一个朋友家小聚，我们几个大人喋喋不休的时候，朋友的儿子也许是听烦了我们的絮叨，自己从书柜里找到一本书，回到房间躺在床上阅读去了。出于职业的本能，我随着孩子进入了房间，和他闲谈起来。

"你看的什么书？"

"《草房子》。"

"这么厚的书，要看很久吧？"

"不用，很快就读完了。"

"看来你非常喜欢读书了。每天都是躺在床上读书吗？"

他把书从自己脸上拿开，似乎对我这个问题有点介意地反问道："这样读书不可以吗？"

"当然可以。但是，是不是坐在椅子上看比较好呢？"

他想了想，然后回答道："我觉得这样更好。"

"怎么个好法？"

"那坐着怎么个好法？"

"坐着眼睛不会近视呀？"

"我眼睛很好，不近视。"

"哦，那倒也是。你把我问住了，我妈妈从小告诉我躺着看书不好，但是我也躺着一夜一夜地看书，因为实在是舍不得放下书闭上眼睛。"

"对嘛！你们大人都会觉得这个要求不合理，还用这个来要求我们小孩。"

"那你为什么要躺着看书呢？"

"我喜欢这样看书，很放松。看书又不是学习，干吗非要弄得那么紧张呢？一坐在椅子上，我就觉得要写作业了，心情立刻变得不好。而躺着很舒服，别人也不会打扰我。"

听了孩子的话，我很受启发，很多家长一遍一遍地要求孩子坐着看书，但是却没有站在孩子的角度想，看书对于很多孩子来说是一种享受，而学习对于大多数孩子来说，是一种压力。虽是一个动作的改变，在心理上却有很大的变化。

通过这个小学五年级孩子的回答，我相信很多家长也明白了，在家里反复要求孩子坐好了阅读，孩子就是不听的原因了。

阅读到底采取怎样的姿势比较好呢？

1. 正确的阅读姿势永远是首选。无规矩不成方圆，做什么事有什么事的规矩，读书有读书的规矩，这是一定的。阅读的时候，还是建议孩子们端坐在桌子前，把书斜放四十五度角，脚放平，肩端平。这样的姿势有利于孩子身体的发育。

2. 在端正姿势的前提下，也可以尊重孩子的喜好。

阅读的时候我感觉就是和另一个我对话，那个我是活在另一个时空里的，她让我脱去裹在身上的厚厚的铠甲，袒露出一个真实的自我，让我不仅可以分清真善美，更让我在一个更为广阔的空间自由驰骋，这种放飞自我的感觉似乎是我喜欢阅读的原因。

无论是小时候，还是现在，拿出书，看得入迷的时候可以让自己放下心中的烦恼和生活的不顺，在阅读过程中可以透过文字去品味一种崭新的生活，这种快乐仿佛让自己在世界上多活了几次。

书的内容让自己自由驰骋，又何必拘泥于姿势呢？孩子喜欢靠在飘窗前，一边感受风的掠过，一边享受书的精彩，是一种绝妙的体验；孩子喜欢坐在地板上，一边感受自己被文字融化，一边感受自己被大地包容，是一种自我释放的方式；孩子喜欢仰卧在床头，一边让自我得到彻底的放松，一边贪婪地汲取文字的甘美，不也是一种人间美事吗？

如果孩子因为学习或者其他事比较累了，希望借助阅读达到心灵放松的目的，我觉得不妨就按照孩子自己喜欢的姿势阅读。阅读的目的不仅仅是获取知识，更重要的是将阅读转化为一种自我提升，转化为心灵的慰藉。让图书引领自己的思想进入另一个世界，让书成为孩子安静下来的依靠和伙伴。

凡成大事者不拘于小节，凡真心爱阅读者不拘于形式。

3. 每个阅读姿势不要过长，最好间隔二十分钟，让孩子换一个姿势。

对于真心喜爱阅读的孩子，姿势可以不拘泥于一种，更不用强调规范，但是毕竟孩子身体在发育期，所以健康必须放在第一位。当孩子情绪得到满足，阅读欲望被调动的时候，作为家长有责任和义务协助孩子管理好自己的健康。毁坏身体健康的不是某一个姿势，而是某一个姿势保持时间过久，即使是端坐在案前，用最规范坐姿学习的人，时间久了，颈椎也会生病。所以，建议家长做好孩子的督查员，孩子坚持某一个姿势阅读超过二十分钟的时候，就提醒孩子换一个姿势，或者放松一小会儿。

4. 无论哪种姿势都要保证光线充足。

我在上初二的时候，每天要背诵大量的内容，让我很是紧张，越是紧张，越是记不住。突然有一天，我发现把房间内的大灯关闭，只开一盏昏暗的小灯的时候，我记忆力最好。当我发现这个规律的时候，我就开始在特别暗的灯光下学习。也许我这样做，是因为昏暗的灯光可以让我精神高度集中。灯光暗，就更需要集中注意力才可以看清楚每个符号。通过灯光的调节，我找到了最容易集中注意力的方法。

如果有类似的情况，可以给孩子提供专用的可移动光源，既保证了光源的明亮度，也可以保证在独一光源下更好地集中注意力阅读。

14　听书是不是读书？

就在昨天，我和孩子们一起上了一节特殊的课——天宫空间站的队员们和北京、深圳、香港的孩子们一起上课。这个时代真的是没有做不到，只有想不到。科技发展的脚步，足够跟上光的速度。阅读也要做到与时俱进，听书是不是看书？听书这种方式是随着现代科技产生的一种新的阅读方式。其实这个问题，我们可以这样问："听书可以取代纸质书的阅读吗？"

我所带的班级是今年九月份才接手的，开学初我对班内的孩子都不了解，哪个有阅读习惯，哪个有良好的学习习惯，我都只能凭借上课的接触慢慢地了解。但是仅仅几节语文课，班上一个门牙刚掉的小朋友就吸引了我的注意力。他个子小小的，留着萌萌的发式，让人一看就有一种想要亲近的感觉，小家伙说话更有趣，不知道是不是因为门牙没有长出来，说话奶声奶气。

二年级人教版语文识字单元《树之歌》，课文中借助各种树木的特点，让孩子积累带有木字旁的生字。

这首诗歌最后一句话是"银杏水杉活化石，金桂开花满院墙"。我问道：什么是化石？什么又是活化石？为什么称"银杏"和"水杉"是活化石？小家伙第一个举起手来，说道："银杏树和恐龙生活在同一个时代，而恐龙都已经消失了，可是银杏还活着，已经活了很长很长时间，有几亿年了。"断断续续的话语，却把"活化石"的意思讲得清清楚楚。

我好奇地问他："你是怎么知道这么多的？"

他回答："我每天回家都要听书，书里什么都讲，还讲恐龙是怎么消失的。"

"哦，你养成了听书的习惯，看来这个学习方法可以向同学们推荐。"

"听书特别有趣，我每天睡觉前都听书，不听我都睡不着觉。"

在接下来的很多次，他都能在课外拓展环节中积极发言，天文地理无所不晓，听书真的让这个小家伙收获了很多。

还有一件令我印象深刻的事。有一个清晨我步行去单位上班，就在我前方，一对母子手拉着手和我同向而行，孩子身上背着书包，穿着校服，很明显和我一样是去学校。当我离他们略近一些的时候，我看到妈妈手举着手机，孩子正在认真地听着手机里播放的故事，孩子低着头，似乎若有所思，妈妈就是孩子的领航员，负责两个人前进的方向。小家伙似乎忘记了身边的一切，侧着头，一路无语，把所有的注意力都放在了听故事上。

如果孩子从家到学校的路程是十分钟，我们按照正常的播音速度计算：一分钟三百字，十分钟是三千字，一周上下学十次就是三万字，一个学期二十周，就是六十万字。《红楼梦》是六十一万字，也就是孩子一学期利用上下学十分钟的时间，可以听一本厚厚的《红楼梦》。这对于一个七八岁的孩子来说，已经足够一年的阅读量了。

听书，不仅可以在睡觉前进行，可以在上下学的路上进行，可以在孩子玩玩具的时候进行，听书这种形式，可以做到见缝插针。

听书有这么大的好处，是不是听书就可以取代纸质书阅读了呢？我们再来看一组对比。我教过一个淘气的小家伙，他后来随着父母移居到了广州。小家伙在班上的时候，没少让老师头疼，但是他有一个极大的优点——爱阅读。只要你给他一本书，蹦蹦跳跳的他立刻就安静下来。班上的自主阅读时间，他经常是自己趴在桌面上看着书"咯咯"地笑出声来，他是真的可以走进书中的孩子。

我经常透过妈妈的微信朋友圈，看到孩子在专心地读书，无论是在自家的阳台上，还是在山水之间，都可以看到他以书为伴的身影。通过和妈妈多次聊天我知道，孩子在家里也是有书就会安静下来，哪怕电视、手机就在身边，也会捧着书阅读。

这样的孩子对书是有着痴迷之心的。通过看书他收获了什么呢？从二年级起语文课就开始有写话任务，到了三年级就开始写作文的尝试。一提到写作文，我相信家里有上学娃的家长都头疼，孩子写作文语言干涩、内容乏味是共性，写得如兔子的尾巴一样短。可是这个小家伙，每次我讲完作文怎么写，他提起笔来就开始写，从来没有因为写作苦恼过。

我有一个上北大的学生，某一年在中央电视台的诗词大会上成了最年轻的冠军。我是在四年级成为她语文老师的。她爱读书，而且爱读国学书，也十分爱问"为什么"，当我回答不上来的时候，她就会小声地嘟囔一句："我让妈妈买一本书查一查。"最让我惊叹的是，给她批改了三年的作文，我没有发现过一个错别字、一个错标点。读书不仅让她获得了丰富的知识，通过阅读，她还学会了如何表达，如何使用文字，如何准确地运用标点。

爱读书的北大女孩在我众多喜爱阅读的学生中不是个例，很多有着阅读经历的孩子，在语言表达上都要优于不爱阅读的孩子，词语和标点的使用也都规范得多。

而我刚刚讲到的只听书的这个孩子，尽管刚上二年级，但是在每天的"识字听写"环节都要错上三四个字，在一些语言表达类的题目中，不会写的字也较多。

通过对比，不难发现：

听书的优点。

1. 接受信息量大。可以在短时间内完成巨量的信息输入，远高于纸质图书的阅读速度。对于丰富孩子的知识，提高孩子的认知，增强孩子的学习自信很有帮助。

2. 执行落实比较容易。听书不受空间环境的限制，即使在嘈杂的环境下也可以进行。而阅读一般要在安静的环境下才可以有效进行。听书可以随时随地，乘坐私家车的时候，吃饭的时候，刷牙的时候，即使在嘈杂的环境里，戴上耳机也可以听书；而阅读纸质书籍需要相对充足的时间，才可以进入深度阅读。

3. 听书的成本较低。现在购买一个 App 会员的费用仅几十到上百，就可以听一个图书馆的藏书；而一本纸质书少则十几元，多则上百元，费用高，而且还有购买的时间成本。

4. 听书相对轻松。听书不会有生僻字，即使遇到不懂的词语，借助说书人的语气，结合上下文的意思，也可以初步地简单理解。而且一般朗读者都音色优美，语气抑扬顿挫，很容易吸引小孩子的注意，让小孩子感到很轻松。

听书的缺点。

1. 听书时，孩子不是作为内容理解者。听书和看影视作品相同，听的都是经过他人再加工的文化作品，也就是听者是欣赏者不是文字加工者。简单来说，听书的人听的是书的内容，不是对书深层次的理解。

2. 不和文字见面，对文字的接触不全面。汉字是音形义的统一体，一个汉字不仅包含了读音，还有它的形和使用的意义。而在听书的过程中，听者只接受汉字读音，特别是对识字量很少的孩子来说，这个音是哪个汉字发出来的，他更不知道。所以只有声音的输入，无法把汉字和声音形成连接。中国汉字的博大精深，就体现在它语意的多重和深奥。同样的一个字在不同的环境中表达的意义截然不同。即使在同一个环境中，不同人物的使用也可能表达出相反的意思。

3. 不和标点接触。尽管标点符号历史没有汉字悠久，但是标点的引入却给汉字的表达增强了效果。一个小小的问号，一个圆圆的句号，一个可爱的省略号，都是不同的情感输出。标点让文章的情感表达更丰富，更准确，更有内涵。而在听书的过程中，孩子是无法借助朗读者的语气直接反映出标点的存在的，在听书的过程中，标点几乎是被忽略的。

4. 听书一掠而过，没有反复品味的过程。我们在阅读一本书的时候，发现某一个精彩的内容，会反复阅读，一本精彩的书也会被反复阅读。阅读是可以长时间反复深入地品味的。而听书往往是摘取文章的主要内容，听过了，达到了了解的目的就浅尝辄止，反复听的很少。

综上所述，我个人认为听书是无法取代纸质书阅读的。阅读的魅力不仅仅在于知道一个故事、一个道理，更在于让我们对文字本身产生喜爱，迷恋文字这种神奇的表达方式。与其说阅读是读一本书，不如说阅读的是文字音形意和符号的多重组合。捧起一本书，仔细品读每个文字和标点，这个过程才是让人享受的阅读。

15 爱阅读和成绩好成正比吗？

中国古代通过考试选拔官吏的制度被称为"科举"。我将古人的这种科举制度，非常狭隘地理解为：学好天下文章，用文章赢天下。也就是一个人要想在科举中一鸣惊人，唯一可行的道路就是多读书，读多书，把书上的话变成血液流入自己的体内才可以做到出口成章。

关于古代的学习方式我知之甚少。在我的认知世界里，古人读书就是以摇头摆脑、咿咿呀呀地背书为主。因为只有背书才能把书融会贯通地用到自己的文章里，这种学习和考试的模式和今天有着天壤之别。现代的考试，仅靠一篇文章就夺魁是不可能的，数理化单纯地依靠前人的文章是肯定学不好的，它要求学生不停地思考，发现问题，依靠科学的手段、实验的策略去解决各种来源于现实世界的问题，甚至包括未来世界可能存在的问题，这种探究的学习方式，需要学生有更全面的能力去应对考卷。所谓一篇文章定天下的历史已经一去不返。

也因此，家长们提出来"爱阅读就一定能考高分吗？"这个问题，我觉得我们要反过来看：考高分一定要爱阅读吗？

我从教二十八年，教过的学生有多少自己没有计算过，送走了多少届毕业生自己也算不清楚了，说实话百分之九十五的孩子姓名都不记得了，但是他们的影子还存在我的记忆里。思考"考高分一定要爱阅读吗？"这个问题的时候，我从大脑里开始调取他们的影像，把自己带过的优秀学生罗列了一遍。

我教的第一届学生现在已经年过四十，当时班上有一个村长的孩子，长得白净、漂亮不说，还机敏、反应快，数学题目只要看一遍就能给出答案。当时还实行留级制度，班上最大的孩子已经留了三届，尽管如此，看到解决问题的题目还是头大。常常村长儿子已经给出了解题思路，而留级生还没有读完题目。也正是因此，刚刚从教的我课堂上尽量不让村长儿子表现，而是给更多同学发言机会。这个小家伙觉得课堂上没有自己展露威风的机会了，就偷偷地在桌斗里放上一本书，自顾自地读起来。一节数学课，他不仅学会了知识，还看了十几页课外书。一个月下来，他在课堂上偷偷摸摸地就能看完一本课外书。

他意外地发现了阅读的乐趣，后来他的作文公开发表在报纸上，把身为农民的奶奶高兴坏了。奶奶一直觉得孙子只会淘气，没承想还是个"大作家"，后来只要孙子要钱买书，奶奶都是慷慨奉上。

学习优异的孩子一定会有更多的时间做自己喜欢的事情，而阅读往往是他们充实自己生活的重要一环。

我还记得，我第一次从六年级接班，是因为这个班级五年级期末考试和其他班级相差14.8分，我所在的区县每年五年级学业考核的平均成绩在88分左右，也就是全区孩子平均成绩可以达到优秀的标准。而这个班级的学生平均分在73分左右，大部分的孩子仅处于达标层次。是这个班学生学习有障碍吗？当然不是！这个班是全校公认的聪明班，也是我从教以来接过的学习能力最强的一个班级。之所以成绩这么糟糕，是因为这个班内有几个小孩超级淘气，让很多老师无法进班授课，影响了整个班的纪律不说，也严重干扰了其他同学的学习。这几个淘气的小男孩里，又以一名高个子男孩为代表，他的一言一行引导其他同学跟他一起干扰老师上课。

我接管这个班级后，最初也是以武力来镇压，试图用我的"狮吼功"来降服他，可是没有两日，我就发现我错了。他就像一个吸力箱一样，把我的功力都给吸走了，我的高音并没有让他有一点点的改变，反而适得其反，让班上更加躁动不安。后来，有一天我发现他翻弄我放在桌上的《天龙八部》，而且一看就入了迷，上课铃响了也不肯挪动。我让他立刻回位子坐好，他听到我冷冰冰的命令，很不情愿地放下书，还用手不经意地碰了一下书，我说："你上课表现好，下课还可以过来看。"他听后开心极了，这一节课前所未有地安静。

也是从这天开始，我知道他酷爱读书，他妈妈告诉我，他吃饭都要抱着一本书看，上趟卫生间能用一个小时，因为想把书在卫生间看完。我想到了好主意——用书引诱他。我总是带来各种不同的书，慢慢地他习惯了下课就过来看书，上课的时候也会用乞求的眼神，告诉我他还想看。

就是这样一个淘气的小家伙，在六年级毕业考试的时候，语文、数学、英语都是满分，最后以优异的成绩考上了重点初中、高中，最终考取了国外的优质大学。

爱看书的孩子一定有着更丰盈的精神世界，他们的学习也有着更强的内驱力。

当然，有良好阅读习惯的孩子，都是老师眼里的好孩子，家长心目中的放心娃。去年刚刚升入四年级的一个班长，也是一个小书迷，他在一年级的时候开始阅读拼音读物，到二年级就可以一个月读完一本书，三年级的时候就能够写出五六百字的作文。我不清楚是读书让她拥有了超出其他同学的表达力，还是她本身就具有的语言天赋让她对语言的表现载体——图书——格外喜爱，不管谁是因谁是果，这个爱读书的小姑娘成绩非常优异。

我刚刚任教的二年级，有一个朝鲜族的小姑娘，个子小小的，如同一个四五岁的娃娃，因为家里人依然保持着朝鲜族的生活方式。课间，我经常看到她的桌面上放着一本打开的书，密密麻麻的都是文字，她总是安静地坐在座位上专注地读书。每天中午休息的时候，只要一有时间，她就会进入阅读状态。前几天，她妈妈给我发微信了解孩子情况，我回答：孩子非常优秀，外表恬静，做事努力，有很强的上进心，作业正确率可以达到百分之九十五以上，是一个很出色的孩子！尽管班上没有进行过一次考试，但是我能通过她的作业和课堂表现对她有一个综合的评价，我知道她能够如此优秀，不全部是阅读的功劳，但是阅读功不可没。

作为一名老班主任，一名老语文老师，要列举出优秀的孩子爱阅读的例子实在太多了，就在此时此刻，我脑海中闪过了考上清华的孩子四年级在教室读书的画面，考上北航的孩子坐在座位上看着书笑出声的样子，考上川大的孩子趴在窗台上看书的姿势……这些孩子优秀肯定有很多原因，但是他们都有一个共同的爱好——阅读。

我把这些优秀的孩子放在一个时间空间里，发现他们有着喜欢阅读的共同原因：

1.优秀的孩子做事条理清晰，效率高，有更多的时间可以用来阅读。无论是淘气缺乏自控力的优秀孩子，还是安静恬静的优秀孩子，他们都比学习有困难的孩子有更多属于自己的时间。当老师给作业中有错题的学生一对一面批的时候，当老师给没听懂的孩子复讲的时候，当老师盯着不写作业的孩子补作业的时候，优秀的孩子早已经完成了规定的学习任务，余下的时间做什么？阅读就成了首选。这些孩子之所以有大量的在校阅读时间，是因为他们有足够的能力完成必要的学习任务，他们有着高效率的学习方式。

2. 优秀的孩子自律性更强，可以有更多的时间用来阅读。班级授课中，老师对待每一名学生都是公平的，在同一时间内布置的任务是相同的，优秀的孩子接受任务后，可以做到专心，不用老师过多地提出要求，他们有很强的自我管理意识。尤其是自习课上的自主学习，他们可以高效地完成任务，因为他们对自己有很高的要求。正是这种高标准的要求，让他们节约出更多可以自主安排的时间。

3. 优秀的孩子目标感更强，愿意听从老师的建议用阅读提升自己。全民阅读是中国发展的一种需要，阅读已经不仅仅是教师的教学任务、思想教育的方向，更是国民素质提升的一种手段。所有的语文老师都会鼓励孩子参与到阅读活动中去，而首先接受这一建议的肯定是班上服从意识更强的优秀学生，他们自我发展和提升的目标感更强，向师欲望更强，对老师提出的合理建议落实会更到位。

也因此，优秀的孩子更容易养成阅读的良好习惯，他们良好的学习习惯，让他们有更多的时间和精力参与阅读活动。也是有了更多阅读体验，他们才能逐步养成阅读的习惯，拥有阅读的动力，形成阅读的能力。再回到问题：拥有阅读习惯的孩子可以得高分吗？我回答是可以的。因为有阅读习惯的孩子往往是真正具备了学习能力的孩子，有了自主学习的能力，可以快速准确地从阅读的书中找到自己需要的知识内容，不断得到自我素养的提升。

我们再看良好的阅读和孩子的成绩有没有关系，答案是：肯定有！

第一，阅读可以培养孩子的专注力。

根据我长年从教的观察发现，聪明的孩子未必能成为优秀的孩子，但是聪明加专注可以等于优秀。我们常说一个人的成功百分之九十九是靠后天的努力，而努力需要具备的重要品质之一就是专注。

我有一个学生，高中毕业的时候被推荐去清华，最后，她放弃了清华，选择了自己喜欢的学校和专业。我是在四年级成为她的老师的，我教了她三年，她所有的考试成绩都是满分。是不是真的她就比别的孩子聪明很多呢？

课上，她绝对不是回答问题最多的，也不是举手最快的。但是，她总是全神贯注地听讲，眼神随着我身形的移动而移动，如果我把说话的权利给了某一位同学，她的目光又会追随而去。不止一节课这样，节节课如此。

每次交作业，都是我催了又催她才会给我。不是她写得慢，而是写完之后她要一个字一个字地检查，直到老师说必须交作业了，她才会上交。

我印象最深的就是，每次考试别的孩子拿到考卷低头就做，做完了就长舒一口气，东看西看，或者趴在桌子上玩。而她是从拿到卷子那一秒钟开始，冷静地看每一个字，无论是四十分钟的试卷，还是两个小时的试卷，一律用心研究试卷，严谨地回答每一个问题。考试时间内，做到绝对地专注。

优秀的成绩和专注有着紧密的联系。而阅读可以很好地培养孩子的专注力。我记得有一次先生从图书馆给我借了一本英国小说，我很喜欢看英国小说。中午我拿到书后就开始阅读，读了十几页后就入了迷。当先生再叫我的时候，已经是晚饭时分。书，可以把人带到另一个世界，这是书的魔力。我几个小时可以沉迷于一本书的阅读中，这难道不是高度集中注意力吗？

这样的例子随处可见，有时候遇到了自己喜欢的一本书，废寝忘食一点不难。我的中学时代，班上所有的同学都看琼瑶的小说，很多同学都是一口气读完整本书。金庸的武侠小说，厚厚的上千页，可是只要拿到手中，每个人都定格在那里，不肯因为移动浪费一秒钟。

就在前几天，一个朋友带着自己三年级的儿子来看望我，小家伙被书架上的一本书吸引了，我和他父母聊天的时候，他就自己安静地坐在我儿子的房间里看书。当爸爸妈妈要离开的时候，他却说："你们大人再聊一会儿吧，你们肯定还有很多话没有说。"然后又低头看书。

一本书就是一个世界，只要走进这个世界，就不愿意轻易地走出来。所以阅读可以很好地培养学生的专注力。

专注力好的孩子，做事效率会提高，对成绩的提升有着重要的作用。

第二，阅读刺激学生的记忆力。

我教过的学业优秀的孩子，都有一个共同点——记忆力强。

去年我教三年级，有很多篇文章需要背诵，课上我会引导学生通过抓词句进行背诵，课下逐个检查落实到位。背诵课文是一件枯燥的事情，把文章一个字不落地记下来不是一件简单的事情。可就是这么难的事情，优秀的孩子不到五分钟就可以背诵一段一百字左右的文章；而学习能力较弱的孩子，即使背上几天也还是断断续续的。

在阅读的过程中，要记住内容的前后联系，就会无形中调动孩子的大脑细胞，发展孩子的记忆能力，特别是自己感兴趣的内容。我现在班上的一个小姑娘，很爱看书，语文课上涉及课外知识的时候，她总是积极举手发言，我问她怎么知道这么多，她告诉我："我在书上看到过。"书中感兴趣的内容，会深深地印在读者的脑海里，从而达到训练记忆力的作用。

这样的例子实在太多，看书多的学生随时随地都会给老师惊喜，无论是知识面还是文章点评、词语的丰富程度，都会比不爱阅读的孩子表现优异，说明阅读可以提高孩子的记忆力。

第三，阅读丰富孩子的知识量。

人们对阅读，最直观的认识就是扩充知识量。特别是低龄儿童阅读的大部分以百科知识为主，因为他们本身受社会认知的限制，对一些故事性很强的文章，反而理解不了。阅读故事性强的文章需要到二年级以后，从童话入手，慢慢地才可以过渡到反映现实生活的小说故事。百科知识，是以知识点为主，篇幅不长，内容无须理解，就是简单地接受。比如鲨鱼不是鱼，只要孩子接受这个观点就可以，他不用过多地思考语言本身是什么意思，阅读的难度较低，但是对丰富学生的知识很有帮助。

随着年龄的增加，阅读书目的社会性增强，思考的点更多，储备的知识不是简单的量化反应，而是一个化学反应。高年级的孩子，通过阅读可以探究出文字背后更多的知识，包括人文知识、社会交往、是非判断，等等。

第四，阅读提升孩子的理解力。

我记不清从什么时候开始，小学语文卷子中出现了大量的阅读题。我工作的前几年，小学语文无论是低年级还是高年级都没有阅读能力的考核。低年级都是以知识积累为主的考核内容，进入三年级后，除了基础知识的考核，还增加了作文考核。也许是教育改革的需要，现在无论是低年级还是高年级的语文试卷都有大量的语文阅读题。低年级涉及的考点大部分以提取信息的形式呈现，而到了高年级就涉及更深入的阅读能力的考察——对句子含义的理解，对文中人物的评价，对文章写法的感受；等等。所以，对文字理解能力的强弱直接关系着语文成绩的高低。这种理解能力渗透到各个学科，因为理科的考试也涉及知识背景的提炼、分析，如果没有很好的阅读基本功，审题就会出现偏颇。

因此，阅读能力从小学阶段起就凸显出在应试教育中非常重要的地位。有阅读习惯的孩子应试的优势就会凸显出来。

任何一位老师，无论是语文老师，还是数学老师，在帮助孩子解答问题的过程中，使用最多的一种方法就是："请你多读几遍题。"多读的目的就是在短时间内，通过反复，加强对文字的理解和重点的提炼。有阅读习惯的孩子在理解上表现出如下优势：

其一，阅读速度相对快。一张高年级语文试卷的文字多达四五千字，在两个小时内要完成这么多字的阅读，还要完成一篇不少于三百五十字的作文。有良好阅读习惯的孩子阅读速度快于没有阅读习惯的孩子，很大程度上提高了答题速度。

其二，快速提取重点。长期阅读的孩子对重点内容的把握会更准确，因为通过平时的阅读，提升了对文本内容的把握能力。

其三，理解概括能力强。长期读书的孩子对文字表达的含义理解更准确。在我授课的过程中，经常是一句简单的话反复地讲解，不爱阅读的孩子还是不懂，但是长年读书的孩子就可以很轻松地理解文字背后的情感表达。孩子年级越高，这种区别就越明显。

第五，阅读提升孩子的情商。

很多人都说，这个时代是一个拼情商的时代。智商决定我们可以解决什么样的知识问题，情商可以解决我们生存空间的舒适度问题。语言分为两种，一种用于口头语言的交流，一种用于书面语言的交流，无论哪种都是交际的工具，二者可以相互转换。阅读本身就是学习作者的表达，提升自己的表达能力的一种手段。所以长年阅读的孩子，可以把书本上学习的道理转化为自己的内在修养，提升自己的情商。

第六，阅读提升孩子的语言表达力。

所谓的语言表达能力强体现在几个方面：首先，能够清晰地表达想法。而任何一个作者写一本书，首先要解决的就是逻辑问题，逻辑不通的书让人读起来头晕，所以阅读本身就是学习作品表达的逻辑。逻辑清晰的人，表达得也就更加明确。其次，语言的表现力。有些人语言平淡，让人听了昏昏欲睡，而有的人语言丰富，让人读来如沐春风。阅读习惯好的人，词汇量丰富，典故脱口而出，可以大大地提高语言的表现力。再次，情感的准确性。有的人说话别人爱听，有的人一张嘴就招人烦。在生活中，我们也说读书多的人明事理，明事理的人自然情感的表达就更准确。

因此，阅读是孩子最好的老师。我父亲以前就和我说："语文学得好的孩子，不仅仅是老师教出来的，更是自己看书看的。"

16 多买书孩子就会爱读书吗?

投资孩子的教育是最好的投资。就在前几天,家有三宝的一位妈妈让我陪她去一家教育培训机构考察,想借助我的专业性,对训练营老师的能力给出一个科学的评估。

因为她的二宝学校老师根据已有的心理学背景,指出二宝和同龄的孩子有些差异,建议朋友去一些专业机构做科学的测查,好帮助二宝做调整。朋友觉得老师结合现象的分析很有道理,就去了我们当地的医院做了筛查,发现二宝确实有些专注力弱的问题,想找一家专业的机构给孩子做相关的改善训练。我首先为家长这种科学的育子观念点赞,在发现问题的情况下,不回避而是积极地面对,用科学的方法去解决,这真是一个伟大而优秀的妈妈。

在考察过程中,朋友对机构的训练方式非常满意,这种康复训练的费用都是不低的,项目负责人也很客观地想让她全面思考后再做出决定。朋友的一句话触动了我,她对项目负责人说:您帮助我的孩子,已经帮我挣了五百万。

我给大家讲这个故事,是想说我们每一位母亲、父亲都十分伟大,我们为了孩子可以承担一切经济负担,克服一切困难。很多家长都有"只要我的孩子足够优秀,我付出什么都愿意"的想法和做法。

不用去论证，阅读无论对于孩子的现在还是未来都有着巨大帮助。很多家长都愿意孩子成为阅读丛林中的一株茂盛的大树，所以会不惜斥巨资给孩子不停地购买图书，这样可以让孩子喜欢上阅读吗？

我有一个朋友是出生在六十年代的硕士研究生，作为理科生的他有着很好的阅读习惯，特别善于阅读历史书籍。他的女儿是在他年近四十的时候出生的，因此，在女儿教育的问题上，就存在老来得子后对女儿的宠爱，也保留了六十年代人做事固有的认真特点。他不仅抓女儿的数学学习，更在乎女儿的语文学习。为了提高女儿的语言表达力，很早的时候就引导孩子看《资治通鉴》，阅读《史记》，他总说："不懂历史的人，读书就是不清醒地读。"也许女儿是继承了父亲的执拗，就不听父亲的安排，她只喜欢看科幻小说。父亲不停地给她购买古典文集、历史策论，限制女儿阅读在他看来是胡编乱写的科幻小说。最后家中的场景就是，每月爸爸都会购买两三本自己认为很有必要的书给女儿，而女儿连动都不动，爸爸更为气恼，家中绝对不允许出现一本科幻类的书籍。足有二十平方米的书房内的大书柜里放满了书，地上还摞起来几摞，除了爸爸工作不忙的时候偶尔翻几下，整个书柜就成了摆设。

阅读就是一种兴趣培养，就和有的人爱唱歌，有的人爱画画一样，有的人喜欢看军事类书籍，有的人喜欢看历史典故，每个人对内容的需求不同，同样对作者的写法也会有挑选。我就很喜欢老舍的作品，语言平实，就是我生活的一个古老版，但是有些人就会觉得老舍的文章语言过于生活化，没有鲁迅语言的犀利。所以，即使对同一种内容的选择，每个人还会根据个人喜好选择不同的作者文风。

根据家长的喜爱买了一屋子书，这只是满足家长个人的阅读需要，并不是要真正培养孩子的阅读兴趣。这种家长藏书万千，又有什么用呢？

我也见识过另一个朋友的大手笔购书方式。她家里有两个孩子，老大上六年级，老二上三年级，两个男孩每天打打闹闹，家里也是好不热闹。两个男孩子淘气归淘气，但是也很懂礼貌，对妈妈尊敬有加。妈妈的性格也非常温和，从来不会和两个孩子发脾气，家里有什么事都是有商有量地进行。

两个孩子中老二更喜欢阅读，他从五岁的时候就喜欢捧上一本书看上半日。那个时候，妈妈只要带上老二去了哪个小朋友家，老二在那里看到了某一本书，看上一小会儿，就会告诉妈妈："我想要这本书。"妈妈就会回答孩子："好的，妈妈回去给你买。"妈妈也绝不食言，回家后一定给孩子把书买回来。而当把新买的书给了老二的时候，老二最初还会欣喜若狂表示对妈妈的感谢，后来多了也就变得平静如水了。

老二不仅看到别人家的书会向妈妈索要，到了商场看到了也会要，到了游乐场所看到了也会要，妈妈只要孩子开口就会给他买。买回来的书，有极少几本孩子回家阅读了，更多的是没有拆封就被放到了储藏间。几年下来，家中这样的书占了一大部分，小小的储藏间里随处可见崭新的书。

喜欢可以分成多种，简单来说可以分为真喜欢和假喜欢，真喜欢是经过深思熟虑后，经过自己大脑复杂的判断获得情感判断。假喜欢更像是冲动，情绪不稳定，不是情感的真实需要。朋友家老二这种没有思考的喜欢就是冲动，并非是出于对物品本身的需要，而是满足自我占有欲的需要。而妈妈毫无引导地满足，家中的书真的就变成了"藏书"了。

书是人类灵魂的营养品，书是神圣的。书在中国比较便宜，而在很多国家书籍是非常昂贵的物品，也是因此，人们买书很慎重。不知道这位朋友家是因为书轻而无人重视，还是因为重视而让书轻的？但我觉得我们在购买每一本书的时候，心中有敬畏之情，才会用心品读，让书发出熠熠之光。

如果说老二的购书出于一种对书的占有欲望，还有一类家长购买图书完全是出于自我安慰。我教语文，所以如何让学生爱阅读就是身为语文老师的我必须完成的一项任务，借助学校的活动设计，借助老师的威信和孩子们的向师性，我会不断地向孩子们宣传要看书的道理。同样我也会和家长不停地说要给孩子阅读的机会，要给孩子的阅读创造可能性。也许是我的宣传力度够大，经常有家长通过微信告诉我又给孩子买了哪些书籍。但是我却发现了一个怪象，一些家长说家中又购买图书的学生在学校几乎不看书。

课后，我拉过一个这样情况的孩子试探地问："你平时喜欢在家里做什么？"

孩子想了想，似乎不知道该如何回答，我又缩小范围："回家会读课外书吗？"

孩子腼腆地笑了笑，还是闭口不答。我把他拉到怀里，像母亲一样摸着他的头发说："你是喜欢看电视，还是看书？"

"看电视。"孩子不好意思地回答。

我追问："难道妈妈不给你买书吗？"

"买，买了好多书，但是我不喜欢看。"

我再次追问："为什么不爱看书，还让妈妈买书呢？多浪费呀。"

"是妈妈自己要买，不是我让妈妈买的。"

家长愿意给孩子的阅读进行经济投资，这是好事，但是在孩子没有阅读兴趣的情况下，就不分种类地、不看需要地盲目购买，也是无效的。阅读不是家中有藏书万千，孩子就一定会迷恋其中的。

大量购买图书不等于能够养成孩子的阅读习惯。有时候，家长们会走入一个误区，不加筛选地听取所有的正面建议。因为，所有人都知道孩子需要书，只有孩子的身边有书，孩子才可以和书成为朋友，当家长们知道这个道理之后，就想为孩子营造一个身边充满书的环境，这种不考虑具体情况的做法也是一种不负责的做法。在我工作过程中，很多家长都会犯这样的错误。比如，如果某一个小朋友去了哪一个训练营，并有所收获，那么就会有家长不加思考地参与其中，经过一段时间，发现自己孩子的水平一点都没有提高，就开始抱怨训练营夸大教育效果。我倒觉得这个训练营是真的委屈，任何一个教育模式本身都没有错误，只是有的孩子适合，有的不适合。

购买图书这件事也一样，不是喜欢阅读的同学家中必须藏书数千，家中有藏书的孩子也未必会喜欢上阅读。任何事情都要因人而异，都要量体裁衣。书的多少不是孩子是否爱阅读的标志，只有孩子爱阅读时，我们才需要不停地增加图书的数量。

我结合我发现的一些家长购买图书的误区，帮助整理一些购买图书的注意事项：

1. 不要用家长的标准为孩子购买阅读读物。每个人都有自己的喜好，既然要培养孩子的阅读习惯，一定要尊重孩子的需要。在购买图书时，最好是带着孩子到实体书店，亲自选择，特别是当孩子还没完全养成阅读习惯的时候，孩子的自主选择就更为重要。

2. 要赋予图书神圣感，不能随意满足孩子的购书欲望。有"书非借不能读"之说，同样，如果孩子得到一本书非常容易，就会不珍惜，他反而不会去深入阅读，在如今物质条件相对优越的情况下，仍是"书非稀不能读"。尽管购买一本图书所需的费用不是很多，我们家长也要做到有节制。要让孩子懂得一本书来之不易，他才会用心去阅读。

3. 人云亦云是不正确的育子方法。每个孩子都是一个独立的个体，都有自己鲜明的特征，作为家长一定要了解自己孩子的特点，而不是依照别人的经验养育自己的孩子。同样，阅读这件事也是要有自己的计划，不要看到别人家买了二十本书，家长就因为冲动而盲目为孩子购书。

17 如何设置孩子的书架？

就在这个周末，我陪同一个家庭教育的专家走进了我朋友家。这家爸爸和妈妈都是985大学毕业，爸爸工作优异，在本行业里是佼佼者，令很多后生仰慕。妈妈为了支持爸爸工作，毕业后主动放弃了工作的机会，成为了家庭主妇。两人育有两个儿子，相隔五岁。两个宝宝在这个充满爱的家庭里形成了善良、有礼的人品。一家人和谐有序，两个孩子性格也格外温和。

老大上学后，学业表现得并不优异，但是妈妈觉得孩子阳光、快乐、懂事就够了；爸爸回顾自己学习的经历就没有勤奋苦读的场景，觉得儿子的学习也无须着急。宽松的成长环境让老大养成了做什么事都大大咧咧的性格；妈妈从小手把手地帮忙，使他养成了做事缺乏条理性、东西乱摆的习惯；对学业没有过多期待的父母，完全放手让孩子自己管理学习，他们极易受情绪影响，从小到大成绩极为不稳定。

转眼间，老大进入了初中，马上面临中考，能否跨进高中就成了一个重大问题。因为根据国家政策，高中在各个地区的录取率将控制在全部报考生源的百分之五十。而这个孩子成绩时好时坏，成绩不好的时候就是后百分之五十。这时候父母开始着急，因此，我帮他们约见了初中的教育专家，专家指出孩子不是学习能力有问题，而是学习习惯导致的成绩不稳定。于是，就想亲自到家里找找原因。

进门后，专家在二百多平方米的房里转了一圈，眉头紧锁。老大尽管已经上了初中，有自己的独立的房间，但是房间里都是生活设施，并没有孩子的学习空间。书桌是妈妈的梳妆台，梳妆台的台面比较窄，再加上放了一部分物品，所以可以供孩子学习写字的空间就更窄了。二宝的房间很大，里边放了两张大床，五组柜子，一架钢琴，只有一个类似于学校学生用的小课桌，学习用书堆了一地、一床。而且二宝还经常和妈妈一个房间，所以老大就变成了他房间的常驻民。

专家告诉妈妈：

孩子之所以没有养成好的学习习惯，和家长没有给孩子提供好的学习环境有一定的关系。无论是孩子的房间还是公共区域，没有一个空间是属于孩子的学习空间。一般来说未成年的孩子，卧室就是书房，既然是书房，就必须有两样东西，一个是书桌，一个是书架。书桌是学习的重要场地，书桌一定要足够大，一部分空间是写字用的，一部分空间用来放常用的资料和书，而孩子现在用的小书桌仅能放下一本打开的大开本作业本。孩子之所以做事凌乱，东西乱丢，是因为没有一个地方是属于自己的。

家里的环境不需要太复杂。一张床——满足孩子休息的需要；一个小衣柜——满足孩子储物的基本要求；一张大书桌——要占据整个房间的核心位置，强调学习是一件最重要的事情；一个书架——帮孩子养成自己学习资料分类存放整理的习惯。

我之所以在回答问题前，讲这个故事，是为了告诉家长，给孩子一个属于自己的小书架是一件非常重要的事情。书架是孩子学习环境中的重要因素，而只有在一个适合学习的环境里长大的孩子，才可以养成良好的学习习惯。天才是有的，也许他只需要一本书就可以满足所有的学习需要，但是更多的孩子是一般人，需要全方位地培养，其中学习环境对孩子的影响很大。

故事中的老大，到了初中暴露出的各种问题，肯定不是某一个方面的原因造成的，但是孩子在家里停留的时间最多，整个家没有给他提供一个学习的环境，在他的潜意识里就会不重视学习，学习效果也自然就会受到影响。

回到我们最初的问题：如何帮助孩子设置一个小书架呢？书架的款式各式各样，色彩五彩缤纷，但它没有和孩子的阅读结合在一起的时候，就是商场里的一件商品，家里的一件物品，房间里的一个装饰品。

很多家长在给孩子准备独立房间的时候，会给孩子准备一个书架，与此同时书架上已经放满了各种书籍。我个人认为这样做，削减了书架促进阅读的功能性。

我带过的一个班，是从一年级开始培养孩子们的阅读习惯的。一年级开学的时候，因为大部分孩子不认识字，我就亲自给孩子们读书听。开学两个月后，孩子们学习了拼音，可以慢慢地拼读一些简单的词语，组成句子了。我就征得家长的同意，让班里孩子购买同一本书，每天从读一页书开始布置阅读作业，第二天在班里反馈阅读情况。阅读速度很慢，大约一个月我们才读完了第一本书。但这一点不影响孩子因为成功完成了一本书的阅读而获得的成就感。接着，我们依然采用同时读一本书的方法，但是每天的阅读量慢慢增加。这样，到了一年级的下学期，孩子们已经共同读完了几本书。每天我都在记事本上画上书的样子，写上页数，如果哪天我忘了布置读书作业，一定有小家伙叫起来："老师您忘了留读书作业了。"阅读已经慢慢地和孩子的学习紧密结合在一起了。

转眼，孩子们到了二年级。和我们同时进校的其他班级很早以前就有了小书架，唯独我们班迟迟没有让书架入驻。在我的了解和观察中，我知道其他班级书架上的书有的是同学们从家里带来的，也有老师自己从家里带来的。最初班里的孩子们会去看，但是时间久了，每天也只是零零落落的三两个孩子去翻翻书。我当时就在思考，为什么书架上的书对孩子没有吸引力呢？这是因为，书架上摆放的书，不是孩子们自己感兴趣的图书，老师让孩子们带书来的时候，很多孩子还没有和书建立起感情，一部分孩子带来的书是家长让带的，并非出自孩子本心。即使是老师自己从家里带来的书，也是老师自己的孩子或者身边人认定的喜欢阅读的书，而并非是这个班级学生喜欢阅读的书。这样的图书，不会成为孩子们的最爱，也不会促进整班学生阅读习惯的培养。

当我们班的小书架入驻之后，我问孩子们："你们喜欢看书吗？"

孩子们异口同声地说："喜欢。"当然这其中肯定也有滥竽充数的同学存在。

"你们想知道同学们喜欢什么书吗？"我故作神秘地问道。

孩子们你看看我，我看看你，都用疑惑的目光看着对方，最后都笑了。

"你们知道咱班谁看的书最有意思吗？"

孩子们开始七嘴八舌地说出了一堆不同的名字。

我摇摇手，让大家停止猜想，说："我这两个问题有一个很简单的方法就可以获得答案。明天每个同学带一本自己最喜欢的书来，放到我们的书架上。然后大家来做裁判，看看谁的书最受欢迎，谁看的书肯定就是最有意思的。"

大家听了都开心地大笑起来。

第二天，孩子们一进班就忙把自己带来的书递给我。我让每个孩子在自己带的书上做好名字标注，然后郑重地放到小书架上。刚一下课，一大群孩子就挤到书架前，争先恐后地抢书读。为了孩子们的安全，我不得不让他们一组一组地按照先后顺序取书。当甲的书被乙拿到的时候，甲就会用眼神告诉乙这是他的书，同样当丙的书被丁取到的时候，丁也会主动地告诉丙，自己拿了他的书。一下子，班里又进入了一个阅读小高潮。

因为每一本书都是孩子们自己精挑细选带来的，每一个孩子都想获得"最受欢迎图书拥有者"的称号，所以每个孩子对小书架的书都充满了阅读的激情。孩子们年龄相同，很容易在彼此喜欢的内容上达到共鸣，孩子们自己挑选的图书也更适合二年级孩子阅读。班上一下子成了一个开放的阅览室，只可惜我们的书只够一人一本，也正是只够一人一本，所以大家都要急着拿到自己最喜欢的那本书。

一个月后，我们又进行了第二次带书倡议，第三个月依然如此，小书架上书的数量也慢慢地增多，多得足够每一名同学选到自己喜欢的。

我建立小书架为了解决两个问题：第一，书架上的书是孩子们想要阅读的图书。只有这样，图书才不会成为摆设。第二，书架上的书逐步增加，给孩子们留出阅读时间。书不够读了再添上新的，避免孩子们一下子拥有很多书，反而因为多，不想去读。

家长在家里给孩子设置一个小书架是必须的，一定要让这个书架上的书从零本开始，增加的每一本书一定是孩子自己喜欢阅读和需要的书。

哪些属于孩子需要的书呢？工具类的图书属于必须要有的书。一年级孩子开始学习查字典，一本新华字典是必备的。到了二年级，孩子们的词汇变丰富了，可以准备一本《汉语词典》或《成语词典》。遇到不懂的词语，养成查阅工具书的学习习惯是非常必要的。在我的语文课堂上，我要求孩子们每节语文课都要带字典。低年级的孩子遇到不知道读音的字查一查，遇到不知道偏旁的字查一查；到了中高年级，遇到不懂的词语也要翻字典查一查，翻字典要如同喝水一样成为一种习惯，才可以充分地利用和使用工具书。自主学习永远是孩子学习的最高境界，也是优秀学生必须具备的学习能力。字典可以回答孩子们询问家长的一半问题。

　　自己喜欢的书包括哪些呢？首先是孩子自己完整阅读的第一本书。我建议家长给孩子做好标注，这对于孩子来说是一个阅读的里程碑，需要用一生的时间记住自己阅读的第一本书是什么。其次是自己主动购买的第一本书，孩子们第一本阅读的书往往是家长推荐的书籍，而当自己对阅读有了兴趣的时候，会拥有自己购买图书的机会，第一本自己购买的书是需要纪念的，需要珍藏在书架上。在孩子有了一定的阅读兴趣的时候，阅读的书和待阅读的书要分开放。每一本读过的书最好做一个标签，注明起始阅读时间和阅读结束时间，如果能注明图书的来源就更好了，比如是某某书店所购，或者是某某朋友所赠。慢慢地就通过小书架的建立帮助孩子整理了一份立体的阅读档案。通过对比就会发现自己每一次阅读的速度是提高还是减慢。如果孩子再大些，还可以在每一本书读完后写上几句话，也许是自己的感受，也许是自己的困惑，也许就是随性而发的几句肺腑之言，这就把阅读和表达紧密地结合起来了。

　　书架的设置要讲究过程，而不是追求一个结果。阅读本身是习惯，是兴趣，是技能，也是成长学习的一部分。孩子成长需要一个环境，这个环境不应是静态的，而应该是动态的，就如同孩子每一天都在长高一点点，孩子的生活环境也可以每天变化一点点。要知道每一个孩子都是一颗优秀的种子，都可以长出茁壮的枝叶，之所以有的孩子越大问题越多，并不是由于孩子不够优秀，而是因为孩子在最初养成习惯的时候缺乏引导。与其在孩子长大后担忧，不如在孩子还是幼苗的时候多思考，多找问题的解决策略。

17 如何设置孩子的书架？

18 孩子的藏书需要淘汰吗？

浪费自古以来就是一种非常不好的行为。也正是因为这个观念，我们的父辈，包括我们这一代人在内，都喜欢"珍藏"物品，东西哪怕十年不用了，也不舍得扔。像我父母两口人住着九十平方米的房子，屋里被各种物品占据着，几乎找不到一片可用的空间。静下心来思考这是不是一种新时代的浪费呢？

以前提出不可以浪费，是因为物质资源的匮乏。我小的时候家徒四壁，偌大的一间房子，除了必须睡觉的土炕，装米必需的米柜，烧火必需的炉子，吃饭必需的小饭桌，似乎再也找不到其他的物件了，实在没有什么可以浪费的物品。再说食物，我记忆最清晰的就是每次吃饭的时候，爸爸会对我们三个孩子说："每人只准吃两块。""每人只准……"成了饭桌上分配食物的标准用语，尤其是好吃的食物，家里一定是采用分配制度，所以要想浪费都很难。

而现在我们是一个物质极度丰富的时代，不受季节、不受地域的影响，只要你想吃的食物都可以购买到。只要是你心中所想、生活所需，也都可以购买到。所以无物可浪费的时代早已过去，也正是物品的极大丰富，让我们有了一种新的浪费，就如同我的母亲一样，总是把家里填得满满的。对此，很多人提出了一个新的观点——断舍离。把一些用不到的物品及时处理掉，让这些物品物尽其用。把需要的物品减到最少，极简生活的提出也是断舍离思想的渗透。这种生活方式，我个人认为是带有时代标签的节约精神。

那么，孩子们阅读过的图书需不需要断舍离？孩子们喜欢阅读的书需不需要定期淘汰呢？

我婚后一年多婆婆得了癌症，我们搬去和他们一起生活，老人的家是一辈子生活历程的承载，无论是陈年的家具还是已经破损的物件，都是他们生活的痕迹。公婆一辈子爱读书，家中有五分之二的空间都被图书占据着。书柜里、桌子上、床铺下到处是一箱箱的书。家里是平房，通风和采光又不是很好，一进屋就会有一种浓重的纸张发霉的味道，这对即将回来休养的婆婆肯定是不利的。出于对婆婆的关心，我自作主张把家里的书籍进行了整理。有一些具有历史意义的留下，一些已经很少见到的藏书留下，一些具有工具书意义的留下，而那些他们年轻时积攒的杂志、报刊、随手可得的图书，我进行了处理。把这些尘封了几十年的图书一倒腾，屋子里的空气立刻好了很多。

婆婆手术后出院，一下就发现自己床铺下边的书箱子被移动了，以前满满的床下，现在变得空荡荡的了，婆婆很委婉地说："床下的书是放在别处了吗？"我主动邀功地说："没放在别处，有一部分都发霉而且没用的书我给处理了，有价值的书我都晒后放到书柜里了。"婆婆略带失望地说："哦，处理了……那些杂志里还有我年轻时候发表的一些文章。"

听了这句话，我立刻感觉自己做了错事。事后，我去了垃圾处理站试图亡羊补牢，最后却无功而返。后来老公告诉我，婆婆年轻的时候也是单位的积极分子，在他们系统内的杂志上发表了两篇专业性很强的文章，当时受到了领导的赏识，这对她是里程碑一样的时刻。听了老公的话，我感觉我丢掉的不是婆婆的书，而是婆婆一生对事业的追求，我伤害了一位老人积极进取的心。看着病榻上的婆婆，回忆着她在青春岁月中奋斗的身影，想到那些已经散发着霉味的旧杂志，我顿时领悟到老人一生没有把那些旧书丢掉的原因，那些是她一生的证明。

可见，同样的书籍对待不同的人有着不同的意义。小朋友阅读过的书籍需不需要定期整理呢？我个人认为这要分成两部分来看待。

第一部分：具有纪念意义的书籍要永久地保存。

1. 带有"第一次"标签的书籍具有保存意义。

在我家的书柜里一直保留着一个日记本，这是儿子一年级写的日记，尽管儿子已经上了大四，但是偶尔我还会拿出来读一下。

其中一则日记写道（原文大部分使用拼音，下文是处理后的样子）：

10月26日　晴天

今天，姥爷过生日，我们买了一个大大的蛋糕。我吃了很多。妈妈让我祝贺姥爷长命百岁，身体健康。我说了。

书柜里还有一套《舒克和贝塔》，是儿子三年级读的一套童话书。当时儿子从书店里买到第一本《舒克和贝塔》的时候，几乎是连夜读，就连睡觉都不肯放下。我带着他坐公交车的时候，他也会偷偷地拿出来读。自从看了这套书之后，他就会不停地给我讲书里的内容。

还有一本厚厚的《曾国藩家书》，这是儿子上高中的时候，语文老师建议孩子们阅读的书籍。儿子读后，我和孩子爸也都认真阅读了。这本书不仅仅是曾国藩写给自己孩子的信，也是我们写给儿子这个血性男儿的信。因为学习任务很重，他吃饭的时间都压缩到很短，但在阅读这本书的时候，却经常和爸爸在饭桌上聊到曾国藩。我觉得这本书对于儿子的为人处世有着一定的启迪意义。

这些书籍，对儿子和我们这个家庭来说都具有一定的纪念意义。我相信它们会一直陈列在我家的书柜里，静静地记录着我们这个家庭的故事。

每个有着阅读习惯的孩子，都会有一些值得纪念的书籍，这样的书就应该保存下去。

2. 孩子反复阅读的书籍具有保存价值。

很多家长不理解，为什么有的孩子会捧着一本书反复地读好几遍。说实话，我也解释不清楚，但是这样的事情我经历过。我六年级的时候，读了《简·爱》。读到男女主人公在大火之后再次相聚的时候，我哭了，是那种心里很疼的哭。我为他们终于能够走到一起而感到高兴。然后，我又把书看了一遍，再一次阅读的时候，和第一次的心境截然不同，我对女主人公的每一句话都细心品读，通过语言，我能感受到那个瘦小丑陋的身体里蕴藏着巨大的力量。最后这本书我读了四遍。

似乎每一遍的阅读都会带给我不同的感受，也让我随着故事中的人物走进了另外一个人的生命历程。我喜欢这种感觉，也许这也是我喜欢小说类文学作品的原因吧。

我有一个学生，今年已经二十七岁。在她上四年级的时候，我转到了她所在的学校，成为她的语文老师和班主任。这是一个非常漂亮的小姑娘，一双亮晶晶的大眼睛似乎会说话。她很爱笑，后来我知道她是我们学校图书馆老师的女儿。一放学她就喜欢拉着我去图书馆，她给我细心地介绍图书馆里的书。然后就坐到大窗户前开始阅读。她告诉我她最喜欢的图书是《窗边的小豆豆》，已经看了九遍。我听到这句话的时候觉得很不可思议，我说："这里有这么多书，你为什么只看一本书呢？"

她还是带着笑不经意地回答我："不知道，我就是喜欢看，每次看别的书的时候，还会插空再看这本书。老师您会一本书看上很多遍吗？"我想了想回答她："也许我也会吧！"

在《哈利·波特》这套书刚在中国发行时，我正好教五年级，班里有一个戴着厚厚眼镜胖乎乎的男孩，每日抱着《哈利·波特》第一册，我一问他这本书怎么好，他就会眉飞色舞地给我讲上一段，然后再继续低头看。第二册很久都没有上市，在等待的时间里，小家伙就把第一册又看了一遍。

反复阅读同一本书，每个人都有自己的原因，但是有一个共同点就是——喜欢。而这种喜欢会持续一段时间，所以孩子反复阅读的书，需要给孩子保存，书中的每一句话孩子都记得清清楚楚的，每一个故事情节孩子都是深知的。

3. 经典书籍具有保存价值。

无论时代怎么变，经典永远是经典。伟大书籍含有最好的养料，能使人获得见解、领悟力及智慧。每一本书都以独特的方式提出人所必须面对而且经常发生的基本问题。它们是稀有的、完美的、经得起考验的杰出成就。伟大书籍还能超越地域限制，成为世界性的。伟大的作品，是经过所有时代的人肯定和赞扬的作品。

所以，不同年龄的孩子要读不同的经典，而这些经典不仅仅是流于书本上，更要浸入孩子的品性里。对于一个中国人来说，《四书》是一定要读的，《西游记》是一定会看的，鲁迅的《朝花夕拾》是必须翻阅的，这些书无论到了哪个年龄阶段都是可以反复阅读，放于枕边的。

我第一次看《红楼梦》是在小学五年级，说真心话，没看懂，太多的古诗弄得我绕不过来，太多的人物我也分不清楚。厚厚的一本书，想放下，倔强的性格又让我读了下去。到了十六岁，上了师范的我再次读

《红楼梦》时，似乎看懂了一点。到了四十岁跟着儿子一起翻看《红楼梦》，才渐渐有了相对清醒的认识。这样的一本书，既然拥有了，何必再让它离开自己的视线呢？随时都可以翻的书，不同年纪都可以看的书，就让它长久陪伴下去吧。

作为家长，一定会有这样的几本经典想让孩子读，但是不知道什么时候孩子才会开始读，作为礼物早早地给孩子准备下来，让它们静静地等在书架上，等着孩子有一天可以阅读的时候再去看，不也是一件很温馨的事情吗？

第二部分：孩子自己筛选后，认为已经没有再次阅读价值的书可以送给需要的人。

1. 已经低于阅读年龄的书，可以作为礼物送给需要的人。

小孩子总是长得很快，在不经意间就长大，和他们一起成长的不仅仅是身高，还有他们的阅历和认知。如果是孩子小时候看过的书，又没有纪念价值，可以和孩子商议，送给适合的朋友，让书再次发挥作用。

小孩子总是觉得比自己小的孩子幼稚，所以小朋友在找玩伴的时候，更喜欢亲近比自己大的孩子。同样地，孩子在阅读的时候，更喜欢看有深度的书，肤浅的内容不会激发他们的兴趣。因此，孩子长一岁，图书就可以做一次清理，已经不适合自己阅读的图书可以送给比自己年龄小的朋友阅读。

2. 读了一遍不想再读的书，可以断舍离。

现在的图书市场不如以前，一方面看纸质书的人越来越少，特别是成年人，有阅读习惯的人也大多看电子书。图书市场的不景气，让图书的出版水平也有所下降，品质高的图书越来越少。

有一类图书是在网络上先红，然后再出版纸质图书，这类图书很受高年级同学喜欢。有一次，我很好奇为什么班上的同学都会排着队和一名同学借同一本书看，我也把一套四本书借了过来，用了一个周末就读完了这厚厚的四本书。我的阅读速度，你们是不是很惊讶？这书是穿越武侠小说，最初我怎么也看不懂，后来我明白了，其实每一个章节就是主人公得到了一个秘钥，会了一个本领，闯过了一个关卡。当我知道这个秘诀之后，只要找到这一关的秘钥，知道主人公的困难，知道怎么使用秘钥闯关就可以了。阅读一本书就变成了在书中找关键点，这样很快我就可以闯到最后一关。

这样的图书，让我再读一遍，我真的觉得是浪费时间，无论是语言的精美性，还是人物塑造的丰满度，我觉得都不够吸引我这个对读书要求有点高的人。

孩子们阅读的这样的书不少，语言干涩，内容雷同，情节简单，结构相同。这样的书，看上一遍就够了，舍去一点也不可惜。

3. 没有深入阅读价值的书，可以处理掉。

我经常在学校看到有的孩子不是一页一页地看书，而是随便翻翻，一般情况下这本书都不是孩子自己的，而是随意从班级的图书角或者学校的图书长廊拿来的，他们随意地翻阅是因为对书没有兴趣。在家里，我相信也有一部分书孩子是这样阅读的，说明这类书并不适合自己的孩子，也就无须保留下来。

19 阅读电子书和纸质书有差别吗?

音频书和纸质书给予孩子的影响不同,那么电子书和纸质书哪个给予孩子们更多呢?任何一种事物的产生都有着它的必然性。所以要回答这个问题,我们首先要思考为什么会产生电子书。

我是1991年进入师范学校学习的,也是同年才接触"电脑"。学校的电脑课程主要是让同学们认识电脑的硬件——键盘、主机、显示器。电脑在当时绝对属于奢侈品,学校里用的是苹果电脑,但是完全不同于今天的苹果。我现在还记忆犹新,每次上课,电脑课老师手拿一个驱动盘,随时准备给每台电脑重装启动程序。当我们可以不看着键盘打出二十六个字母的时候,老师开始教我们用简单的计算机语言编写程序。班上聪明的男孩子,也需要几周才可以编完一个自动跳出五角星的程序,即使是这样也令我们所有人羡慕了。

除了会打二十六个字母,在屏幕上打出一段文字,编出一些有趣的静态几何图,我真的不知道电脑还可以做什么。

到了我毕业的时候,网络这个词开始出现在我们的生活里,网络上可以查到我们不知道的信息,可以和我们不认识的人聊天。到了儿子出生的2000年,网络公司开始如雨后春笋一样遍地开花,人们高谈阔论的也是"未来是网络的时代"。这个时候我开始尝试写长篇小说,在

2005 年的时候，我把自己写的中篇小说发到网上，试图在网络上得到读者对自己的认可。与此同时，人们开始大量阅读网络小说。到了近些年，特别是随着智能手机的深入开发和应用，网络阅读已经成为青年人、中年人和老年人的一种日常阅读模式。2021 年我的文章在《现代教育报》的电子报刊发表。和我三十年前在报纸上发表文章不同，没有赠阅的报纸寄到，只有编辑通过微信转过来的电子版本。

网络已经渗透到了出版、阅读的各个角落，说明阅读电子书是时代进步的需要。针对小学生而言，电子书和纸质书有没有差别呢？我个人认为还是有的。

电子书的优势。

1. 携带方便。电子书可以储存在电脑、手机、云盘里。可以很方便轻巧地被我们随身携带。特别是带孩子远行的时候，几乎不占用任何空间，随时随地都可以有书读。而如果带一箱子纸质书，麻烦不说，纸张的分量也会让人产生少带书或者不带书的想法。

2. 价格低廉。一个应用程序的使用，一个 App 的购买，少则几十元，多则几百元，就可以提供一个大的图书馆的阅读书目。几乎拥有我们能阅读的所有书的内容。而一本纸质书少则十几元，多则上百元甚至更贵，买上十几本、几十本也是一笔不小的开支。

3. 阅读方便。电子书的字体的大小、亮度等都可以随阅读者的需要进行调节。一根手指就可以解决拿书、翻书的所有问题。每次读完，用一个符号就可以解决标记问题，方便下次阅读快速找到位置。而纸质书字体的大小是固定的，看不清楚只能借助放大镜了。

4. 更新迅速。每天都有大量的书籍面向读者，相比电子书，一本纸质书的出版需要更复杂的流程。你到书店去购买，也需要花费时间成本。而电子书只要你需要，随时可以下载更新，可以用最短的时间解决阅读的需要。

阅读电子书的劣势。

1. 长时间盯着电子屏幕会影响孩子的视力。十年前，进入五六年级后，孩子才开始出现戴眼镜的情况；而最近几年，我校高年级的同学几乎百分之百存在视力问题，有的孩子小学五年级已经是五六百度的近视了。一般进入一年级的时候，孩子们的眼球发育还没有完全完成，到了一年级下学期和二年级，大部分孩子的视力才达到正常。而现在孩子们刚进一年级就有近视问题，平均每个班有百分之十的孩子已经是二百度左右的度数了。到了二年级，孩子们的近视率就达到近百分之三十。站在一线老师的角度，我很想说：中国已经进入抢救儿童眼睛的时代。而电子书籍因为屏幕的蓝光问题，会刺激孩子的眼睛，会加速视力的下降。

2. 单个手指的使用不利于大脑的发育。无论是抱着手机阅读，还是抱着平板电脑阅读，孩子们都是一根手指就可以解决翻页问题。

我的侄子今年四岁，上幼儿园中班。疫情原因，小班的时候他基本没有去幼儿园学习。九月份一开学，负责接送的奶奶就忧心忡忡地告诉他妈妈，说："六六不会用筷子吃饭，老师让在家里锻炼使用筷子。"我几乎忘了儿子中班的时候是怎么吃饭的，还不解地问："六六不是会用勺子吗？勺子不行吗？"奶奶认真地说："老师说必须用筷子。"

接下来的一段日子，爸爸和妈妈从握筷子开始一点点地带着孩子学用筷子。正常的筷子对六六来说又长又不听话，刚要夹，筷子就分家了，"啪嗒"掉在桌子上，可爱的六六看到了哈哈大笑起来。

聪明的妈妈给六六买了一个后端连在一起的儿童专用筷子，六六就可以比较娴熟地使用了。可是奶奶把筷子带到学校后，老师告诉说，只能用一般的筷子。

只能放弃偷巧的方案，在家里继续练习。六六学习用筷子的过程非常辛苦，但是为什么老师还要强调用筷子呢？因为孩子的小手肌肉并不发达，通过用筷子可以锻炼头脑和手指的配合，同时训练手部的肌肉。

小朋友用什么吃饭老师都会从促进发育和锻炼的角度落实，阅读其实也是一样。如果我们阅读一本纸质的书籍，手中捧着书，读完一页翻页的时候，就会存在手脑配合的问题。不要小看翻页这个问题，在我给一年级小朋友上课的时候，经常会出现小朋友花几分钟都翻不到指定页数的情况，而且在数学课上学认识数字的时候，书上设计了根据老师指令翻页的题目。这个问题不仅仅是一线老师观察到的问题，也是教育专家一致认可的一个困难点。

3. 阅读电子书籍会影响颈椎的健康。颈椎病以前是中年人的常见病。但是随着电脑和手机的频繁使用，现在颈椎病的患者，越来越年轻。二十几岁就得了严重的颈椎病需要手术的大有人在。

我在教高年级的时候，经常有孩子做一张卷子四十分钟，就要多次停下来将头使劲往后仰，以此来舒缓颈椎的不舒服。由此可见，小小年纪，孩子的颈椎已经有了问题。

通过手机或者其他电子产品阅读的时候，孩子们往往喜欢保持一个姿势长时间不动。当然，看纸质书也会有这样的问题存在。但是据我观察，似乎电子产品更有着巨大的魔力，孩子们阅读的时间会更长，姿势不动的概率会更高。

4. 电子图书不容易留阅读痕迹。电子图书有的版本不可以做批注，即使可以做批注，对于一二年级学生来说操作起来也不方便。深入阅读的过程，特别是在一本书反复阅读的过程中，需要在书上做一些必要的批注。电子图书这方面的操作就要比纸质书不便。纸质书只要想做批注，随手拿一支笔就可以做到，简单便捷。

5. 电子图书查阅阅读痕迹不方便。同样在查阅自己批注的时候，电子图书也有不便之处。当然，这对电脑操作很熟练的人来说是一件简单的事，只需要一些设置就可以，但是对小孩子来说，只要增加一个程序就会增加一个困难。而阅读后的图书是我们人生的一个记载，对于一些重要的感受可以反复温习。特别是阅读工具类的图书，查阅的方便性就更为重要了。

6. 对图书某一部分的反复阅读，电子图书不太方便。在我阅读的过程中，就有这样的事情发生，我读到了后面的内容时，突然觉得和前面的某些内容联系紧密，而前面的内容似乎并没有完全读懂，需要返回去再次阅读。电子图书可以反复翻阅，但是操作起来没有纸质书方便。而且根据人的记忆特点——图片记忆的模式——对于阅读过的纸质书的记忆会更深刻，因为我们可以根据书的厚度来估计大约的位置，而电子图书每一页都是一样的，不存在读了多少，有多厚的问题，所以在返回阅读的时候，记忆的作用就削弱了很多。

电子图书和纸质图书各有优势，对于小学生来说，纸质图书的综合优势会更突出。

阅读纸质书的优势。

1. 可以每日带到学校利用零散时间阅读。学校的小朋友按照完成课业的效率大概可以分为两类：做事高效的和做事磨蹭的。如果您的孩子恰好做事效率很高，在学校就会有大量的空余时间进行阅读。我今年教二年级，同样十道两步加减法计算，做得快的学生不到十分钟就可以做完，做得慢的学生一个小时都做不完，取中间学生的速度，一般在二十分钟内百分之八十的学生都是可以完成的。作为老师，又不能有学生做完了就安排新的学习任务，就会布置让写得快的同学自己安排事情做，大多数情况下，学生都会选择阅读。像这样的情况几乎每天都有，所以高效的同学可以把书带到学校，充分利用时间。

2. 纸质书阅读便于留下痕迹。我是一个读书很慢的人，因为我读书的时候总是习惯性地把自己代入到情境中，不自觉地就会把一些我感兴趣的语言用笔画下来。我记不清楚是我中学时代的哪位老师告诉我的，我们伟大的领袖毛主席，即使到了老年在阅读的时候也要准备一支铅笔，一边阅读一边在书上做批注。听过这一讲后，我就慢慢地养成了习惯，看书就要拿笔，哪怕一个字都不写，也觉得这样才是真正地看书。

3. 纸质书利于孩子养成比较好的用眼习惯。现在少年儿童的视力问题已经非常严峻，纸质书对孩子的视力的保护是优于电子书籍的。

4. 纸质书阅读容易让孩子产生自豪感。每读完一本，孩子的小书架上，就会多一本自己熟悉的书。日积月累，厚厚的一摞书，会让每一个阅读者都感到骄傲和自豪。

5. 纸质书便于同学之间的交流。很多家长让我推荐书，我总是和家长们说："看看邻居家的小朋友看什么书。或者是家里的大孩子看过什么书。"因为同龄的孩子最清楚什么样的阅读内容自己能够理解，什么样的内容可以吸引孩子。而纸质书籍便于同龄的孩子交换着看。

20　让孩子做读书摘抄好不好？

学校组织学生春游，回来让小朋友写作文，写得让人啼笑皆非。似乎在大家的潜意识里，只要是学校的活动一定会附加思想教育和作文。

我记得我小时候，学校组织了跳绳比赛，老师一定会布置《记一次难忘的跳绳比赛》；学生开展了拔河活动，老师就会布置作文《记拔河比赛》，这样活动加习作的模式，身为学生的我实在不喜欢，拔河比赛的时候心潮澎湃，回到家面对稿纸，激情荡然无存。尽管是刚刚经历的事情，但是脑子却迟钝得一点都回忆不起来，从哪里开始写都觉得写不下去，只剩下对老师的怨气、对作业的痛恨。我还清晰地记得那个时候的作文选就是粗暴地以这样的题目组稿成书，每个学生手里一本作文选，改改名字，大段落一抄，也就应付了老师作业。到了第二天，课堂上同学读作文，总是感觉有些字词和句段依稀在某本作文选上见过。

我认为，活动加作文的模式并不适合学生。那么阅读+摘抄的模式适不适合学生呢？

我记得我是从初中开始接触"摘抄"这个词。老师为了丰富我们的语言，让我们每周上交一次摘抄本，里边可以是好词好句，可以是名言警句，要求是一天一页，那个时候作业量也不多，摘抄成了语文的固定作业。我是一个做事高效的人，总是一天就写出一周的作业，有的时候还会故作聪明地把下一周的作业写出来，可是老师却不好好看看我的页数，一个大大的阅字，就把我两周的作业批改了。

初中我对摘抄的印象并不好。通过摘抄我获得了什么？现在静下心来琢磨，似乎就是一本本厚厚的摘抄本。在摘抄的过程中，我记住了哪句话、哪个词，好像都没有。

转眼，我进入了师范学校学习。恰巧我被分到年级的文选实验班。我很喜欢我们的文选老师——路晓红老师。她对我们的要求很高，每日练字——她说，语文老师必须有一手好字。我们班就比其他班多了一项描红摹字的作业。每日习作——她说，语文老师必须会写文章。我们班就比其他班多了一篇作文，一周还要做一本作文选刊。每日摘抄——她说，语文老师必须有丰富的词汇、优美的句子，我们班就比别的班多了一本摘抄本。每日朗诵——她说，语文老师必须有好口才，抑扬顿挫地说话是一个语文老师的标配，我们班就又比其他班多了一项朗诵展示作业。

站在老师的角度，每一项作业肯定都是必要和有价值的；可是站在学生的角度，这写作业的必要性有多大呢？好比练字，老师收上去数数篇数，够了就打个勾，不够就要补写。到底有多少孩子是用心写的就不得而知了。我们重点说摘抄，最初，我们的摘抄都很朴实，就是写上几个词语、几段话。有一天一个同学的摘抄本画了一幅小画，备受老师夸奖。第二次很多同学的摘抄本上都有了小画，其实同学们更喜欢画画，所以画的篇幅也越来越大。摘抄的内容反而逐渐减少。

我是非常乖的学生，老师让摘抄，我就摘抄，坐到阅览室，一抄就是一个下午，写了什么我是一点没有记住。但是我记得我手写得酸痛，油笔芯用了一支又一支。

回顾我自己的摘抄经历和内心的真实感受，我觉得摘抄至少对我这样记忆力不是很强、一心不可二用的孩子，似乎并没有达到老师希望的积累一些好词好句的作用。反过来看，我记住的那些生僻的词，那些我感兴趣的句子，是因为我在阅读的过程中，觉得有意思反复地琢磨了好几遍之后，最后出现在我的作文中。还有一些句子是我在阅读到第三遍，甚至更多遍之后，觉得这句话太精彩了，而慢慢地偷换到了我的作文里。

人教版六年级上册的语文书第一篇课文是老舍先生的《草原》。我工作的第二年就是教六年级，对于语文书怎么去品读、怎么去讲授基本没有任何心得。给我启发的是我第一任工作的校长。我所在的学校非常小，中午就只有三位老师在学校吃饭。一天中午，老校长一边吃着面条，一边含混不清地说："我这个年纪了，觉得写得最棒的就是老舍的《草原》了。第一句话：这次我看到了草原。一句看似普通的话，却一下子表达出了老舍对于草原的渴望，把整个草原如下暴雨一样地呈现在人们面前。你再想找一句替代它，根本不可能。"

他说的时候，我很认真地听，吃过饭，我一遍遍地默读这句话，当然我无法理解校长的深意，但是当时的我觉得校长说好自然就好。后来，我自己在写文章的时候，也尝试这样开门见山，而且每次写的时候，脑子里一遍遍地出现校长的话。

我讲述自己的这个经历是想说，我们积累一个词语、一句话、一个写作模式不是因为我们把它抄在了本上，而是经过思考后把它印在了脑子里，这和摘抄没摘抄没有任何关联。

任何事情都不是绝对的，摘抄这件事也许不适用于我，但是也许适用于其他人。我有一个学生，后来考取了北大。有一天课间，我看到她趴在桌子上写着什么，走过去一看，她正在把我在课上写在黑板上的成语抄在一个精致的小本子上。我很不礼貌地打断了她，拿过本子，一页页地翻着看，里边不仅有我写在黑板上的词语，还有一些很动听的句子，有些句子就在她的作文本中出现过。我问她："这些都是你从哪里抄的？"她说："大部分是我看的书，我觉得好的句子，就抄下来，然后有时间就会背诵下来，然后再默写。妈妈说这样做，我就可以写出一样优美的句子了。"

作为她的语文老师，我可以负责地说，她的确写出了很多优美的句子，有些句子值得被他人借鉴。但我们静下来思考，发现这个孩子写出优美句子的原因，不仅仅是摘抄，而是通过背诵记住了摘抄的内容。

通过阅读提升自己的书面表达能力，并不是摘抄这个行为本身。对于摘抄这种阅读附加活动，我个人认为一定要因人而异，不要苛求。可以采取更适合自己的或更高效的方式。比如：

1. 遇到喜欢的句子，画在书上，空闲的时候多读几遍。每个作家都有自己的语言风格，同样的一个事物，不同作家的描写方式会各不相同，对自己感兴趣的句子或者段落，通过画一画的方式，引起注意，达到强化记忆的目的。

2. 遇到某个第一次看到的词语，圈阅出来。词语一定是在特定的语言环境中才可以发挥自己的魅力，所以孤立存在的一个词是不具有任何实际意义的。在句子或者语境中的词语才具有生命力，把这样具有超强功能的词语圈阅出来，作为阅读的收获，也是一个不错的方案。

3. 遇到好的段落，可以采取朗读甚至背诵的方法。我在上师范的时候参加了学校里最具权威的社团——朗读社团。我记得我刚进社的时候，社团老师说，朗诵和写作是不可分离的，一个人只有会朗诵才可以写出好的文章来。同样的道理，我们要想把一本书读懂，需要借助朗读来感受作者的情绪。

当然，任何情况下每个人的学习方法都不是唯一的，在这个章节里，我只是结合自己的摘抄经历谈了我的感受。至少到目前为止，我一个不喜欢摘抄的人，觉得不摘抄没有对我的写作或者积累产生不良的影响。

21 家长不爱读书，孩子爱读书的可能性有多大？

要改变一个家庭的环境需要三代人的努力。

我的母亲一生好强，所以对我们三个子女要求都很高。只要我们学习上有一点懈怠，母亲轻则大声地呵斥，重则一顿毒打。至于这种教育方法好不好，我不下定论，但是这种粗暴的教育方式对我们三个子女的影响确实是非常深远。

我生下儿子的时候才二十四岁，不懂什么为母之道，也只是效仿我的母亲来教育孩子，所以儿子小的时候，我对他的教育方式也非常粗暴。而先生一家性格温和，凡事都是有商有量，即使孩子犯了错误也只是稍加提醒。儿子犯了错误我气恼到极点的时候，先生也是不温不火，我就特别生气，难道孩子不是他亲生的？他却回了一句：他犯错，谁也没有办法，你阻挡不住，先让他犯吧，犯多了自然就知道其中的道理了！

两个来自不同家庭的人对孩子的教育方法是截然不同的。自然儿子一会儿处于水中，一会儿又处于云端。那个时候我年岁尚小，遇事缺乏反思的能力。但是随着年龄渐长，与先生生活久了，似乎他的温和也开始改变我，让我意识到亲人之间相处柔声细语似乎更舒服。儿子和我相比也许是幸福的，至少在他的成长过程中，所受到的教育来自两个家庭的融合，我虽易怒但因为父亲的温和，让他至少获得了宽容和理解。

儿子现在已经成人，开始步入社会，所有相识的人对他的评价都是"脾气好"。无论家中的大表姐如何刁难他，他都会一笑而过；家中的小表弟如何压榨他，他都宽容对待。我相信，如果儿子未来的伴侣性格如我的先生一般温和，儿子的孩子定会在一个比较平和的环境中长大。

我抛出自己的家庭，是我将近五十年的所思所感，我爱我的母亲，同时又对母亲充满了恐惧，缘于她简单粗暴的教育模式。我爱我的儿子，可是我学习和效仿的只有母亲教育孩子的方式，所以我早年对儿子的教育一定给他留下了和我儿时一样的恐惧心理。从母亲到儿子，是我一生的经历，也是我们一家三代人的沿袭。

都说人的性格最难改变，而我静下心思考，我的性格、儿子的性格形成都和我们的经历有着千丝万缕的联系。性格尚且受外界因素的干扰，人后天养成的习惯更受生活环境的影响。

我工作后，遇到了成百上千的家庭，每个家庭的教育方法都不同。每个孩子因为出身家庭的教育理念不同、教育措施不同，形成的个性、能力、品德等都不同。有的孩子爱说爱笑，有的孩子总是施暴于人，有的孩子意志坚强，有的孩子信口开河，有的孩子刻苦努力，有的孩子自暴自弃……这么多的孩子，这么多的不同，而这些不同与他们的家庭都有着千丝万缕的联系。

综上，我是要说明，家庭教育一定会对孩子产生深远的影响。我们再回到标题中的问题：家长不爱读书，孩子爱读书的可能性有多大？回答这个问题，我们必须站在一个公平的科学角度——在父母具有同样文化水平、同样社会认知的情况下，爱阅读的家长培养出爱阅读的孩子的可能性更大。

微信是一个功能很强大的App，我可以通过家长发的微信朋友圈，从一个微小的角度了解到家长的教育理念和教育行为。

我曾经教过一个通过提前招生进入区重点高中的孩子。当孩子被录取后，妈妈在微信朋友圈里发了一组九宫格图，让我看到了一个优秀孩子的家庭生活。

妈妈在图里晒出的是：一整面刚刚组装好的书柜，从体量上看足有十几个平方米。白色的书柜就是一个一个简易的大大方格。最后几张照片是家中原有的两组书柜，里边放满了书，书柜顶上还有几个大的整理箱。妈妈配图发的文字大意是：这回先生终于可以不和女儿抢地盘了，我这个图书领地调解员估计可以下岗了。可以看出，在这个家里至少有两个热爱阅读的人，一个是父亲，一个是女儿。

我和学生的父亲有过一面之缘，除了知道他是一位高级研发人员，其余信息都不清楚。尽管我只教了这个孩子一年语文，但是她却给我留下了深刻的印象。她高高的个子坐在班里的最后一排，性格开朗，脸上总是挂着微笑，上课非常爱发言，老师提出的每个问题，她都抢着回答。作业写得不仅工整，而且速度很快。我都搞不明白她是什么时候完成那一份份作业的，只要我一说可以交作业了，她就会像风一样地飘到我的讲桌前，把作业本摆在我面前。课间的她并不安静，总是搭着一条腿，一边和两个要好的女孩聊天，一边腿上放着一本书，有的时候还是英文书。

我笃定，这个孩子喜欢阅读，和爸爸那两书柜的书有着直接的关系。尽管我没有看到爸爸和她同框阅读的景象，但是从她的身上，我能感受到家庭浓厚的学习氛围。

去年我教的一个女孩子，也喜爱阅读。二年级的时候，她读完一本书就要告诉我，然后追着我喋喋不休地说自己新买的书。

有一次，和她妈妈聊天，无意中妈妈说了一句话："以前我家是一个书呆子，现在是两个书呆子。"

我赶紧追问："这是什么意思？"

"以前孩子小的时候，我老公没事就看书，让他陪我去逛街太难了。现在女儿也喜欢看书，我一说要去逛街，俩人谁也不应声。"

我听后哈哈大笑，打趣地说："孩子爱看书是一件多好的事呀。你应该高兴，说明爸爸带了一个好头儿。"

她妈妈又说："老公上学的时候就喜欢看书。我公公就爱看书，现在老头儿快八十了，还是没事就喜欢翻翻书。"

透过这位妈妈的回答，我仿佛看到了一家三代在一起阅读的场面。那个时候，我就觉得，阅读是可以作为一种家风被传承下来的。

我有一位朋友，他父亲是一位历史系的教授。老先生教了一辈子学生，研究了一辈子历史，现在已经年过八十，依然喜欢阅读历史、研究历史。朋友知道我是一位作者后说："王老师，我要买您的书，您一定要给我签名。"我知道朋友受父亲的影响爱阅读，知识渊博，所以我不好意思地回绝："我的书实在幼稚，等我能力提升一些，一定让您雅正。"

过了一段我们再次相见，朋友带着自己刚刚进入小学的女儿。小女儿在席间就拿出书阅读。我站在老师的角度，夸奖孩子，朋友满心欢喜地说："我们一家三个人看三种不同的书，太太早年留学日本，日语很好，所以在家里经常看日语书籍。我是随了父亲，喜欢历史地理，发现好的书，一定和父亲一起讨论。女儿上的是国际幼儿园，对英文感兴趣，没事就抱着英文书读。我家三口人，却读着三种语言的书。"听完朋友的话，席间一片喝彩声，赞美这样一个有着优良阅读传统的家庭。

席间，朋友也告诉我，我刚出的书他已经读完了，并且给我提出了一些建议。朋友工作很忙，还抽空读了我的书，阅读已经成了他的一种生活习惯。而这种习惯已经传递给她的女儿了。我相信她的女儿也会继续将这个习惯传承下去。

这些家庭对阅读的传承都是我观察所见。在我的记忆中，父与子同时阅读的场面最多的是在我家。我先生热爱阅读，至今也保持阅读的习惯。我和很多朋友说：儿子之所以喜欢阅读，是爸爸的功劳。从小爸爸带着儿子去图书馆陪着他读书。到了儿子三四年级的时候，似乎他的世界中没有电视和游戏机。只要有时间他就会捧起自己喜欢的书阅读，经常看着看着就笑出声来。周末一家人在一起的时候，往往是我伏案工作，爸爸抱着一本书在沙发上看，儿子抱着一本书在自己的书桌前看。直到现在，儿子每年除了看几部电影外，基本上不看电视。

所以，要想让孩子主动参与到阅读活动中，家长需要给孩子树立一个阅读的榜样。我理解很多家长工作繁忙，无暇翻阅图书，但是"身教胜于言传"，要想让孩子有很好的阅读习惯，我们家长要给孩子观察、感受阅读的机会，他们才能和阅读建立起亲密的关系。

从给孩子树立榜样的角度思考，家长可以：

1. 把电子书转化为纸质书阅读。很多家长喜欢通过手机阅读电子书，因为比较方便。而且现代人阅读碎片化的文章的概率要高于阅读整本书。但孩子都是用手机玩游戏，刷抖音视频，看动画片视频，因此，对小孩子来说，他很难把手机和阅读建立起联系。这种情况下，家长即使告诉孩子自己在通过手机阅读，孩子也会产生怀疑。所以建议有阅读兴趣的家长，在孩子面前最好还是读纸质书，在潜移默化中给孩子树立榜样。

2. 要求孩子阅读的时候，自己要先阅读。经常有家长向我抱怨，孩子不读书，可是当我反问家长，您让孩子阅读的时候，您在阅读吗？家长往往哑口无言。近些年，我接触过很多和孩子不分长幼的家长，大部分是体现在娱乐、穿着上，而非学习上。比如有的家长会允许孩子称呼自己的名字，甚至加个"哥哥"或"姐姐"，觉得这样就是和孩子平等相处了。我对此倒有自己的观点，家长尊重孩子，是尊重孩子的自我选择，而不是失了中华的礼仪传统。家长命令孩子去阅读，自己却抱着手机刷视频，这才是不平等。如果您建议孩子阅读，我觉得，您手里至少要有一本书。这样的平等才有价值和意义。

3. 可以和孩子一起阅读一本书。小孩子在成长的过程中很需要陪伴。我两岁半的小侄子六六，妈妈单独教他识字的时候，他表现得很平静；而当和自己五岁的小表姐一起学习的时候，就表现得很亢奋，积极踊跃地抢着回答问题。这个事实证明，孩子在有陪伴的情况下，可以产生竞争力，激发自己学习的兴趣。同样，小孩子其实很希望得到家长的肯定，这种肯定不仅仅是口头的赞美、物质的鼓励，更多的是亲情。所以和孩子共同阅读一本书，和他们一起研究探讨书中的含义，对孩子的阅读是有巨大的促进作用的。

我记得十几年前，学生上自习，我就和孩子们说，你们写作业，王老师写你们的故事，写完后读给你们听，但是你们要保证绝对安静，否则我就无法构思了。从此，我们班的自习课安静极了，所有的孩子都主动地写作业，因为他们第一天听了我写的三千字后，都迫不及待地想听下一节的故事。每天都盼望着自习课快点到。我本以为我对孩子们的影响，就是能让他们懂得在规定的时间内主动地学习。可是却意外地发现，很多孩子自己开始写小说，有的一天就能写上千字。这点让我很是惊讶！同样，如果家长陪同孩子一起阅读，孩子阅读的积极性会更高。

家长不阅读，孩子就不会有阅读的习惯吗？当然不是！我教过的很多孩子，父母并没有很好的阅读习惯，但是孩子却有很强的阅读意识。

因为，一个习惯的养成，条件不是唯一的。阅读是孩子借助各种影响和条件，逐步形成的一种习惯。对孩子这种行为的影响，可能来自班级，可能来自周围的小伙伴，可能来自自己的某一次体验，可能来自家长的教育和影响……只是在众多条件中，家长如果喜欢阅读，会对孩子的阅读行为有促进作用。

22 养成阅读的习惯需要多久？

"养成阅读的习惯需要多久？"对这个问题，我无法给出一个科学的量化时间表，因为我的数据只来自多年的教育观察所得，并未做过科学的量化实验。我从什么时候就可以拥有阅读习惯，推算多长时间可以养成阅读习惯吧。

早年我一直在小学高年级任教，教的大多是五六年级的学生。我父亲是中学语文老师，父亲对我的影响很大，他说过这样一句话："五六年级孩子的作文水平，基本决定了他初中的作文水平。"我当时还嘲讽父亲，说："看来你们中学老师什么业绩也没有，都是直接收割小学老师的工作成果。"但是父亲和我说过这句话后，我开始有意地观察五年级孩子们写作文的情况，将他们分类。

不要小看五年级孩子的书面表达水平。我教过一个男孩子，他四岁之前随父亲在美国生活，上幼儿园后回到国内。父母都是高学历的知识分子，都戴着厚厚的眼镜。孩子的汉语和英语可以随意切换，到了五年级的时候，他就是班上外教老师的随身翻译。孩子也戴着度数不低的眼镜，他不仅喜欢看书，还写一手漂亮的字，写一手好文章。很多小学生的作文像老太太的裹脚布——很长，但是啰里啰唆。可是这个孩子的作文写得中心立意明确，表达清晰，语言优美，词汇量丰富，篇章结构安排合理。说句惭愧的话，我这个老师水平在他之下。我把他的文章投稿到报社，直接就被选用了。

这个孩子之所以可以写出一手漂亮的文章，如果说，结构安排得巧妙说明他天生的逻辑性强；主旨清晰，说明他是非观明确；语言表达流畅，说明他语言逻辑清楚；可是他优美的词汇来源于哪里呢？大量的成语又是从哪儿积累的呢？这些美词佳句肯定是来自课外书籍。

他是一个做事效率很高的孩子，每每课上做作业，他都是第一个完成的，我就会让他自主安排空余时间，这些空暇时间他一定会捧起一本书读。

这说明阅读已经成为他的一种习惯。这种习惯肯定是在五年级之前形成的。并且阅读习惯已经对他的学习产生了积极影响。那么，可以推断五年级前可以让孩子养成良好的阅读习惯。

我们学校是安排阅读课的，阅读课大部分时间就是孩子自己阅读书籍，老师进行管理。我在巡视期间，就观察到喜爱读书的孩子一节课四十分钟一动不动，而不喜欢阅读的孩子，只有老师走到身边的时候，才会拿起书装装样子，很多时候是在开小差，或者是拿几支笔玩铅笔大战，或者是和周边的孩子采取传阅小字条的方法聊天。所以，有阅读习惯和没有阅读习惯的孩子在阅读时行为差别很大。

这再一次证明，进入小学高年级的孩子，已经可以养成非常好的阅读习惯。

我是一名语文老师，无论教哪一个班级，都会把引导学生阅读作为一件重要的事情。通过我的这项活动，我也感受到让进入五年级的孩子再去喜欢上阅读是一件非常困难的事情。让已经有了良好阅读习惯的孩子放下书，也是一件很难的事。

据我观察，五年级的孩子已经可以养成良好的阅读习惯了。我们从孩子可以阅读简单读物的一年级开始算起，也就是四年的时间可以让孩子拥有非常好的阅读习惯。

我们再来看我在低年级教学的观察所得。我开始教低年级的时间不长，也就是近几年。一年级的孩子刚刚进入学校的时候，大部分孩子认识的汉字都是很少的，如果一个班四十个孩子，认识超过五百字的有八分之一左右，超过一百个字的有四分之一左右，而百分之五十的孩子是不认识汉字和拼音的，也就是大约有百分之八十的孩子，阅读体验和阅读经历都很少，停留在看看图片、翻翻漫画的阶段。而让这个庞大的群体喜欢上阅读，都是在进入小学一年级之后的教育行为产生的效果。

根据曾经做过的以老师朗读引导孩子进入阅读的教育实验，我发现通过老师的教育可以在很短时间内改变孩子对图书的态度。配合度高的孩子，也就是我们俗称听话的孩子，短短的两三次教育，就可以让他们对图书产生兴趣。大部分的孩子在教育措施实行两个月左右阅读行为都会有所变化。但是班上也会有百分之十的学生效果不好，需要采取强制的方法才能让他们参与到阅读行动中去。

而配合度高的孩子，经过三个月左右的时间，离开老师的督促，也会在课余时间自主选择阅读。大部分的孩子经过两个学期的引导都可以养成阅读的习惯。

因此，一个孩子从零起点阅读到养成阅读习惯，要根据每个个体的情况而定，快的两个月就有了初步的阅读意识，慢的要一年左右才有可能具有阅读的自主行为。

我教高年级和引导低年级孩子进行阅读的感受如下：

1. 从一年级开始培养孩子的阅读习惯不会很难，随着孩子年级的升高，阅读习惯的培养会越来越难。

2. 低年级养成了阅读习惯，到了高年级阅读就成了一种生活必需品。并且借助整本书的阅读，可以促进学生的学业学习。

但是为什么家长在培养孩子阅读习惯的时候，花费的时间很长，效果却不好呢？因为家长忽略了几个重要问题。

第一，孩子的阅读习惯，一定要从兴趣引发。

兴趣永远是最好的老师！家长在家里和孩子喋喋不休地说：你要看书！孩子听到这句话一点反应都没有。家长就有点不高兴，然后再次督促孩子：你要看书！结果孩子就像屏蔽了这句话一样，还是保持原来的状态。孩子之所以有这样的表现，不是想违抗家长的命令，或者是不落实家长的要求，而是因为不知道阅读这件事对自己有什么好处，当孩子无法对书籍产生兴趣的时候，让孩子去看大量的汉字是非常痛苦的一件事情。对成年人来讲，如果对一本书不感兴趣，也会看上两三页就犯困，何况是孩子呢？所以要让孩子有阅读习惯，我们要从兴趣入手。

吸引孩子阅读的方法有很多。在学校里，老师们常采用的方法如下：

其一，自身魅力引导法。家长们有句口头禅"老师，孩子就听您的"。孩子们之所以服从老师，特别是班主任老师，是因为教育是人从事的活动，教师个人的言谈举止，对孩子有很强的引导性，小孩子对老师的信服源于老师的个人魅力。所以当老师对阅读有要求的时候，孩子们会表现得很有兴趣，以此来表达对老师的喜爱。

同样，家长也可以采用这个方法，通过家长个人的魅力，让孩子和您有志同道合的兴趣，吸引孩子对阅读产生兴趣。

其二，鼓励表扬法。很多老师，为了让孩子喜欢上阅读，会给积极阅读的孩子一定的奖励，比如盖印章、积分等。这也会让一部分孩子对阅读产生兴趣。

这个方法家长操作起来简单，有利于在家落实。

其三，活动引导法。开展相关的阅读活动，也可以让孩子对阅读从陌生到熟悉，从而建立起深厚的感情。我就举办过"每日展示""一周展览""阅读大比拼""我们的读书时刻"等丰富的阅读活动，激发和调动更多的孩子参与阅读活动。

在家里，我们也可以开展这样的主题阅读活动，不仅可以激发孩子的阅读兴趣，还可以促进家人之间的沟通交流。

我在培养学生阅读兴趣时，会有一个三年左右的计划。从观察孩子开始，看他们有多少人有很强的向师性，有多少人能够积极参与班级活动，什么样的教育方式更适合整体的推进。在观察一段时间之后，我会从最小的点入手，而不是上来就把阅读推给孩子。比如我会从我阅读的一本书开始给孩子们讲故事，通过语言的渲染，让孩子从心底对这本书产生喜爱之情，主动随着我的情绪参与到阅读中。我记得有一年我教四年级，我想让孩子认识林海音，就每天给他们讲《城南旧事》，讲了几天后，我发现很多孩子已经自己买了这本书在阅读了。后来，我讲老舍，讲他的《牛天赐传》，给孩子们逗得前仰后合，就又有孩子买书来看。通过和孩子们每日的交流，我发现，每个孩子内心都有很多盏灯，缺少的是一个给他们点灯的人。

第二，孩子阅读习惯的培养，一定是长期坚持才可以获得的。

家长给孩子做了很多规划，但是最后能够坚持下来的并不多。要知道任何一件事情，除了找对方法，更重要的还是长久地坚持。

儿子上二年级的时候，想参加学校的管乐团学习演奏萨克斯。我和他说，你要是真的喜欢，可以！但是一旦选择了就必须坚持下去。儿子也不知道吹奏到底有多苦，就点头保证一定坚持到底。练了不到一个月，他就想把练习时间由每日一小时改为半个小时，他告诉我："吹得头疼。"而我只是提示他，你自己选择的就要坚持。

有一天，儿子吹着吹着嘴流血了，他看到自己流血后哭了，说："妈妈，我可以不练了吗？"我摇摇头，告诉他时间没有到。还有一次，儿子练习完，因为用气不对，大脑有些缺氧，直接倒在床上就睡着了。

最后，儿子是全校第一个考完萨克斯十级的学员。

也许我对孩子有些狠吗，但是任何事情只要选择了就要坚持。如果不坚持，再有意义的教育活动也会失去它的教育效果。

对喜欢阅读的人来说，阅读是一种兴趣；对需要通过阅读提升自己的人来说，阅读是一种需要；对学习期间必须阅读的学生来说，阅读要成为一种习惯。要让阅读转化成习惯，除了吸引孩子走上阅读这条路，更要做到坚持。

1. 时间上的坚持。在孩子刚刚进入小学，接触到阅读的时候，最好列出一个阅读计划表。比如每天晚上七点到七点半是阅读时间。利用计划表落实阅读行为。这个时间根据每个孩子的情况具体安排。

有的家长就做得特别好，把孩子一周的事情用表格罗列出来，哪个时间做什么事，谁负责，一目了然。用任务表督促孩子，可以帮助孩子养成良好的学习习惯，养成珍惜时间的意识。

在培养孩子阅读习惯的过程中，家长也可以采用这样的课表法，把每日的阅读时间罗列出来，督促孩子阅读。

2. 阅读书目的坚持。很多孩子读书是随性的，读什么书没有计划，我个人觉得这样在阅读初期还可以，孩子一旦对阅读有了明确的认识后，还是需要家长做一个阅读书目的计划：比如一个学期读几本书、读什么性质的书等。文学类、科普类、历史类等等做一个相对清晰的规划。

3. 阅读量的坚持。有可能孩子坐在桌子前读了半小时，只读了很少的内容。这样的读书效率也是不高的。根据每页的字数和孩子的阅读速度，做出一个估算，每日是读两页还是三页。通过这样的方式，提升孩子的阅读能力。

4. 阅读效果检测的坚持。孩子读书是不是真正读进去了，作为家长需要了解。最简单的方式是家长可以和孩子聊天，了解孩子读了什么内容。但是在聊天的过程中，家长容易犯的错误就是给孩子"纠正错误"，要知道"一千个读者，就有一千个哈姆雷特"，作为家长要尊重孩子的阅读感受，多听少说，最好是只听不说，要让每个阅读者都有成就感，在聊天的过程中，多表扬，多鼓励，多赞美。

我在学校的时候，还会举行阶段性阅读测试。就是由孩子们自己出十道题，然后进行全班的阅读考核，因为是孩子们自己出的题，每个孩子兴趣都很高。

还有一次，我召开班级读书会，让所有的孩子都坐在地垫上，每个学生点燃一支蜡烛，把这些蜡烛集中放在教室中央，让家长坐在孩子们身后，打开手机的手电筒，给孩子们照亮，关闭班内所有的灯，教室里跳跃的红烛光、手机发射出的光汇聚在一起，好不温馨。在轻柔的背景音乐中，每个孩子朗读一段自己喜欢的文字，每个人都沉浸在美妙的读书声中。

朗读是最好的阅读方式。为什么一定要问孩子你读懂了什么呢？怎么就不可以是把你喜欢的故事读出来呢？朗读本身就有助于对文章的理解。

家长和孩子每个人读几页书，相互用声音感染，不也是一种很美的阅读体验吗？

第三，孩子阅读习惯的养成，离不开内心的满足感。

一个孩子之所以喜欢上阅读，不是因为要通过阅读去考取高分，而是因为在阅读的过程中，他感受到了更丰富的世界。如果不看书，怎么知道浩瀚的宇宙中储存的无限能量；如果不看书，怎么知道清朝人如何孝敬父母；如果不看书，怎么知道树木的种类有那么多；如果不看书，怎么知道老虎会游泳……阅读可以打开无数扇门，让每一个孩子走进不同的世界，让孩子的内心得到满足。

我小的时候很胖，所以小朋友们在玩各种游戏的时候，我常常被冷落在一角。正因为这种冷落，让我有时间阅读。小朋友们嘈杂的声音根本无法阻止我聆听书中人物的心跳。

在孩子阅读的过程中，有时会存在一个尖锐的矛盾——孩子读的书不是家长期望的，家长就会强迫孩子阅读家长选定的书，从而打破阅读习惯的培养。

就在今年暑期，一个朋友带着孩子和老公找到我，想让我这个老师帮着解决父女矛盾。原因是爸爸想让孩子看世界名著，而孩子只想看自己选定的书，爸爸认为孩子读的书没有营养，孩子认为爸爸给的书太枯燥，没有阅读的乐趣。两个人争执不休，还爆发了家庭矛盾。

站在老师的角度，我给父亲的建议是：孩子已经六年级，有了初步选择的能力，作为家长我们要尊重孩子的选择。也许孩子阅读的内容还比较肤浅，但是孩子在阅读的过程中体会到了快乐，而且愿意走进文本，只要孩子选择的读物是健康的，作为家长我们都应该支持，然后再给出合理的建议。

阅读习惯的养成，一定是孩子内心的一种需要，而不是父母内心的需要。所以孩子的选择要放在第一位，不可以强行让孩子服从。要知道，一个人的心意很难改变。

第四，孩子的阅读习惯和物质奖励无关。

就在去年，一位家长带了一大袋子给孩子们的奖励找到我，想给班级赠送奖品。奖品的内容很丰富，有笔，有本，有橡皮，都是孩子们经常用的学习用品。但是我却谢绝了，我告诉家长：学习是孩子的本职工作，如果学习动力需要依靠物质来激发，这种动机也未必能长久。因为这次奖励了一个本，满足了，下次再奖励一个本的时候，刺激就会减弱。再下一次呢？如此就变成为了物质而学习，一旦物质无法满足的时候，学习动机就会减弱，甚至消失。

我在学校里就经常发现，很多老师想做好自己的工作，给孩子们准备奖品。可是发放奖品的时候，有的学生不会表现出多么激动，而是直接告诉老师："这个我有很多，我不想要了。"或者："老师我可以换一个吗？"反而让老师感到非常尴尬。这样的结果已经失去了奖励所带来的鼓励作用。

所以，如果把孩子的学习行为和物质奖励挂钩，最终会适得其反。学习就是学习，适当的语言鼓励是可以的，但是如果每一次进步都给予物质上的奖励，并不可取。阅读也是如此，如果因为孩子读了某本书就给孩子奖励，一般情况下阅读习惯也是很难养成的。

在培养阅读习惯的过程中，不是不可以奖励，适当的、适度的奖励是可行的，对激发阅读兴趣是有促进作用的，但是要把握好尺度。

23 书包里需要装一本课外读物吗?

小学生的书包是这个世界上最重的一件物品了!

十几年前我就开始在班上提出一个倡议：给书包减肥。产生这个想法缘于数学书上的一道题，根据学生的身高和体重科学地测量孩子的书包是否超重。结果测完后，我们班百分百的孩子书包超重。这个问题引发了我的思考，孩子们的书包里都装着什么？

我翻看了孩子们的书包。里面装有书，包括语文、数学、英语三门每天必要的课本，还有音乐、美术等不是每天要用的课本；本子，包括三科的作业本，还有其他学科的笔记本；除此之外，还有字典，铅笔袋等必须准备的学具，外加水杯、跳绳等物品。如此一看，一个书包内少则七八本书，多则十几本。还有一个重要的因素，书包本身的重量，有的孩子仅书包就重一公斤。如此一算，书包怎么不超重呢？

我采取的第一个措施是把孩子们不常用的书，比如音乐书、美术书等直接收上来，放在班级统一管理，在上课前再发给学生，因为很少有孩子抱着美术书预习或者复习。现在考虑到资源的不浪费，国家对课本实施循环使用的原则，就是除语、数、英之外的课本，一个年级统一用一套教材。说明我当年的措施无论从哪个角度考虑都是对的。

第二个措施，把除笔记本之外的所有的练习本统一管理。一个本子虽然很小,但是放在书包里一定会增加负担。而统一管理,同时下发使用,就可以减少三科至少三个作业本的重量。

第三个措施,铅笔盒不许用复杂图案和形状的,过于复杂的铅笔盒会增加本身的重量。铅笔盒内只准带红色笔一支、蓝色或者黑色笔两支、橡皮或者涂改液一个、尺子一把。据我观察,书包里有两三个铅笔袋的学生不在少数,一个铅笔袋中装二三十支笔的大有人在,因为是学习用品,很多家长都会非常慷慨,这份"慷慨"无形中也增加了书包的重量。

第四个措施,把大书包换成小书包,不准背带轱辘的书包。现在的书包五花八门,可是我最怀念的是当年背过的军绿色的小布包,一个小书包的宽度刚好能放下一本书,那个时候没有一个同学说书包重。但是现在孩子的书包,就相当于一个旅行箱。据我所知,有的同学的书包价格不菲,几百、几千的都有,这种隐藏的价值观对孩子的一生又是怎样的影响呢?

第五个措施,常用工具书购买两套,学校放一套,家里放一套。《新华字典》是小学生离不开的,《汉语词典》《成语字典》偶尔会用,作为老师,我会在班上自己准备一套,供全班使用。

我先说了自己"给学生书包减肥"的具体实施方案,是怕家长因为学生的书包太重,而产生顾虑之心。是想告诉家长,小学生的书包可以做到很轻便,多一本课外读物是不会增加孩子负担的。说完这个大前提,再回答问题:我的建议是给孩子带一本自己喜欢的课外读物,但是所带图书需要有所选择。

第一,不建议选择精装硬壳图书。

任何一个好的建议,一定是把学生的身体健康放在首位的,我前文提出了要给小学生的书包瘦身,所以我们所选择的书籍不宜自身重量太重，如果仅仅是书的外壳影响了书的重量，我建议还是给孩子换一本平装书携带。同样的精装版图书和平装版图书，如果内容相同的情况下，重量能差出一倍。从方便阅览的角度我建议家长尽量选择平装版的图书。

第二，不建议选择过于宽大的图书。

现在的书籍大大小小，开本不同，特别是儿童书籍。过于宽大的书，一方面不利于孩子翻阅，一方面会引起周边同学的好奇，反而干扰自己阅读。

第三，不建议携带手掌书。

手掌书随着书开本变小，书上的字也会变小。过小的字不适合小孩子阅读。另外手掌书一般都是缩减版，适合碎片化阅读，对提高学生的阅读能力意义不大。

第四，不建议携带图片过多的书。

一方面图片多的书籍，在印刷上大部分采用套色印刷，书的重量较大，不便于孩子携带。另一方面，图片较多的书籍，孩子大部分是采用浏览的方式，无法进入深度阅读，不利于学生养成专注阅读的习惯。

第五，不建议携带漫画书。

我不反对学生阅读漫画书，世界上有很多知名漫画家都有非常棒的漫画作品，但是班级是学生相对聚集的场所，漫画书对小孩子们的吸引力要远远高于文字书籍。一本漫画书，往往会引起很多同学的兴趣，都会争相借阅，反而让自己无法进行安静的阅读。

可以根据学校的环境给孩子携带：

第一，书的页数不要过多，在二百页以内。因为在学校里阅读的时间都是零散的，内容过多的书籍阅读时间会长，每日带到学校，既不利于对书本的保护，也不利于孩子阅读完一本书产生自豪感。

第二，和本年级学习相关的书籍。比如小学生的语文课本中，有涉及国家领袖的文章，那么就可以携带介绍国家领袖的图书；每个单元的学习园地中会有一些读书建议，可以围绕建议携带相关图书。这样把课内阅读和课外阅读紧密地联系在一起，使孩子的阅读更有针对性。还可以是其他课程涉及的相关知识，比如数学书中的资料袋的内容，每个资料袋都是有渊源的，可以顺着线索拓展阅读。

第三，老师推荐的图书。学校以阅读为主题的教育活动有很多，语文老师也会针对本校或者本年级的活动推荐阅读书目。携带这样的图书可以更好地结合学校的活动，对提高读书教育效果更好。

第四，系列丛书。丛书的特点是具有相关性，有利于孩子沉浸到书中。

无论选择的是哪种类型的书，孩子能够随身携带一本书是读书习惯的一个重要体现。很多有了阅读习惯的孩子，无论是旅行，还是外出乘车，都会习惯性地带上一本书。

24　为什么孩子喜欢反复阅读一本书？

为什么孩子喜欢反复阅读一本书，这样好不好？为了回答这个问题，我还特意观察和跟踪了有这种习惯的孩子，希望帮助家长们找到答案。

很多年前，我教四年级的时候，一名学生告诉我，她看了九遍《窗边的小豆豆》。我很是好奇，追问她：为什么一本书要看这么多遍？她笑嘻嘻连想都不想地回答我：因为我喜欢呀！

身边一位朋友的儿子也总是抱着同一本书反复阅读。

我第一次看到他阅读一本有关人体器官的书，是在他家里。我们几个妈妈一起聊天，三年级的他安静地抱着一本书坐在沙发上看。我凑过去，询问他看的什么书。他把书合上，让我看看书皮。他看的这本书，我并没有看过。我看到封面上有一些卡通人物，看书名是介绍人体知识的书。

妈妈看到我在和孩子聊天，也凑过来，告诉我："这个孩子每天抱着这本书看。我还给他买了一些类似的书。"说着，妈妈就从沙发旁边的书柜里拿出一套还没有打开包装的书给我看。妈妈麻利地将塑封撕开，把其中的一本书递给我，虽说这本书和前边的那本书不是一个出版社和作者，但是从内容看也是百科类的介绍人体相关知识的书。我赞美地说了一句："真是好书呀！"

妈妈继续说："给他买了这么多，可是他还是只看这一本。"我笑笑又看向小朋友，轻轻地拿过他手里的书翻看几页，试图找到妈妈没有破解的谜题。

又过了大约半个月，我到他家里接他和妈妈一起去聚会。妈妈对孩子说："你可以带一本自己喜欢的书。"小家伙开心地在屋子里寻找，可以看出这个孩子非常喜欢看书，因为家里的各个地方都有打开或者合上的书。很快他锁定了目标。我一看还是前段时间我看到的那本书。我问他："这本书你还没有看完吗？"他似乎觉得我的问题莫名其妙，所以疑惑地说："早就看完了。""那你为什么还带它？"他似乎对我这个问题更是不解，停了一会儿说："我喜欢这本书。"

孩子反复阅读一本书，只有一个原因——喜欢！我记得当年《明朝那些事儿》刚上市的时候，我班上的一名男生只看这一本书，他对这本书的喜欢已经到了痴狂的地步。

喜欢反复阅读同一本书，会让孩子收获什么呢？

第一，对内容的反复阅读，提升孩子的自主学习能力。

就像我朋友的儿子，他专注于一本书的反复阅读，是因为对身体知识感兴趣。对他来说，读书已经不仅仅是为了了解内容，更是为了将内容转化为一种内在的知识储备。他反复地阅读，是在研究每一个身体器官的奥妙所在，与其说他在阅读，不如说他在研究书的内容所传达出的知识。

反复阅读同一本书，是深度阅读的体现，是借助阅读开启了另一扇关联领域的大门。这种阅读可以激发孩子的自主学习兴趣，可以激发孩子的创新精神。也就是说，孩子因为对某一个内容感兴趣，会沿着这个内容进行深入的思考，从而发现新的问题，然后再次阅读后，试图找到问题的答案。从而形成一个科学的研究过程，发现问题然后解决问题，这就是创新精神，而且这种创新性不是被动的，是主动的。这种反复的阅读过程，就是将阅读变成自己思考的一种媒介。

第二，对书中情感的反复捕捉，激发孩子的内在情感。

人作为高等动物的一个重要标志就是具有非常丰富的情感。人类有喜、怒、哀、乐等不同的情绪表达，但是不知道从什么时候开始，很多孩子不会正确地表达情绪。而反复地阅读一本书，更深入地了解书中人物的情感，对引导孩子正确地表达情绪可以起到有效的辅助作用。

我多年从事高年级语文教学，学生因对文章情感的理解有误，导致令人啼笑皆非的场面在课堂上时有发生。很多孩子无法透过语言这个外在的表征，感受到语言背后作者所要传达的情感。

比如有这样的一篇阅读：一个坐在轮椅上的男孩子，每日在胡同口，只要遇到有人迷失了方向，他就咳嗽一声，引来别人的注意后，他想都不想就告诉对方："一直走，不要拐弯。"当人走远后，他自己心里想：反正他有腿，让他多走十步、百步算什么？我要是有腿，我愿意走更远的路。

很多孩子读不懂这个男孩为什么这样做。在评价这个孩子的时候说：这是一个爱搞恶作剧的坏孩子。

这段话共有两句，第一句是这个坐在轮椅上的孩子做了什么，第二句是这个坐在轮椅上的孩子想了什么。他不主动打招呼，而是"咳嗽一声"，能够感受到他很机智，这种无意的帮助，也许更好让路人接受。他想到"如果我有腿，我愿意走更远的路"。可以看出他很自卑，也很渴望拥有一双腿。如果抓住这个细节，可以感受到男孩子之所以这样做，是因为他内心对行走的渴望和对现状的无奈。

很多孩子，阅读速度很快，三两周就可以看完一本几百页的书，囫囵吞枣地只追求数量，这种单纯满足于对内容的饥渴的阅读方式，无法对文章细节处的情感加以捕捉。而反复地阅读同一本书，特别是童话、小说等故事性强的书籍，能让阅读者更深入地品味字里行间流露出的情感。这种高质量的阅读，是我个人很推崇的。有的时候，书真的不在于读得多，而在于读得精。

第三，对作者写法的喜爱，让效仿成为阅读的收获。

我上初中的时候，整个班级都是金庸迷，大家喜欢金庸先生超人的想象力，猜想金庸就是世界上最强的武者。在我们班里，有一个姓周的男孩子，对金庸的作品喜欢到不能自已。有一次上作文课，我记得当时他有一大段对人物动作的描写，让老师都为他竖大拇指。课后，很多同学围着他向他请教，他却拿出一本金庸小说，翻到其中一页，大家立刻就明白了。周同学是仿照金庸对人物描写的方法，写出了自己的作文。

我前文提到的喜爱《哈利·波特》的学生，有一次下课的时候主动凑过来和我说："老师，我认为世界上最好看的书就是《哈利·波特》，J.K.罗琳肯定不是人脑，她怎么就能构建出一个魔法世界呢？"有一段时间他的作文总是围绕"魔法"二字展开。

喜欢一本书的人不仅会深入地阅读它，更重要的是他们会把它和自己的生活紧密结合起来。走马观花的阅读肯定不会有如此效果。没有几个人可以做到真正过目不忘，大多数人在第一遍阅读的时候，都只是对阅读对象有一个初步的了解，即使记忆力好的学生也只能记住某些重要的点，但是细节八成是会忘记的。如果因为喜爱一本书而读上几遍，每次阅读都会有不同的收获，最后就会把书中的语言和自己的语言紧密地结合起来。

每个作家都有自己的特点，也有自己的语言风格。我记得我上师范的时候，我的文选老师对我作品的评价是：洞察力很强，语言平实。也许我永远无法用华丽的语言表达我自己的情感，这又怎么样呢？"平实"就是我的作品特点。

所以孩子抱着一本书反复地阅读，这不是坏事，恰恰相反，他走进了这本书，自己的情感、精神、语言都走进了这本书。作为家长，我们不要去打扰他，而要尊重孩子自己的选择。

第四，读出自我，让阅读成为世界观的引领者之一。

我有一个好朋友是儿童文学作家，我很欣赏她的才华，甚至有点崇拜她。她大胆的构思、丰富的想象、不怕一切的勇气都让她成为我的膜拜对象。所以，我对自己的作品不自信的时候，我就发给她，让她给我提出意见。她直言不讳地说："亲爱的，我对你某一个章节的观点有不同的意见……"看，我微不足道的作品，也可以激起别人的看法，那么那些伟大的作品呢？肯定会让我们思考，让我们成长。

我记得我读师范的时候读《飘》，被女主人公斯佳丽·奥哈拉的勇敢征服，她对南方的统治思想不屑一顾，勇敢地追求自己的爱情和生活，大胆地表露自己追求物质的本性。也许我是在严厉母亲的管教下成长起来的孩子，从小就学会了服从，压抑自我。所以对这种和我截然相反的性格我就很欣赏。在现实生活中，我没有勇气反抗，就让我在文学作品里找到勇气。

在阅读的过程中，其实都有一个真的自我藏在文字后面。之所以每本书能够让不同的人喜欢，就是因为一本书就是一个世界，是一个读者向往的世界。

《飘》这本书很厚，在学业很紧张的情况下，我读了两遍。很多时候，上课的铃声已经响起，但是我真的不忍把书合上。读到感动处，我默默地流泪，泪滴打在书上，我都不愿停下。一本书，让真实的自我跳出来，还让我明白有一个词叫"勇敢"。

　　自己喜欢的文学作品，是可以读上很多遍的，因为每一次阅读，都是自己和作者的一次神交。鼓励孩子拿到一本书后反复地读，这是非常棒的阅读模式。有这样阅读习惯的孩子也一定是从心里喜欢阅读的孩子，他们可以从书中找到更多的可能性。

25 男孩和女孩的阅读差异有哪些？

我记得上大学的时候，心理老师讲到性别在不同行业中的价值。老师说：之所以很多秘书都是女性，是因为女性相对于男性而言，考虑问题更细致。护士大部分是女性，是因为女性比男性更容易激发出爱心，也比男性更有耐心，可以更好地控制自己的情绪。而大部分厨师是男性，不仅仅是因为他们有力气，还因为男性在某些方面比女性的创造力更强，优秀的厨师需要创造性才可以做出好的菜品。优秀的大夫也是以男性为主，是因为男性在遇到困难的时候更容易保持理性，做手术成功的概率更高。

男性和女性因为生理不同，会有不同的职业优势，那么男孩和女孩的阅读差异有哪些呢？

通过观察我发现，不同年龄的孩子对图书的喜好程度是存在性别差异的。

在低年级，特别是刚入学的一年级孩子，都没有良好的阅读习惯时，男孩子比女孩子更容易喜欢上阅读。

通过我的小样本观察，连续两届孩子在老师的引导下，对图书产生兴趣的都以男孩子为多。记得上一届孩子从开学后大约两个月开始进行"一句话"阅读，所有孩子都可以做到每日完成，到开学后的第三个月，孩子们的阅读量开始增多。我观察到有些小男孩开始在课间拿起书主动阅读。特别是借助家长的微信朋友圈反馈，男孩子在家主动阅读的人数要多于女孩子。

有一个男孩子，他妈妈晒出了很多孩子在家阅读的照片：有坐在窗前的，有趴在书桌上的，还有一边洗脚一边读书的。妈妈的配图文字是：只有看书的时候才能安静一点。因为这个男孩子比较好动，也让老师和家长比较操心，可是他却对阅读表现出极大的兴趣。

还有另一个男孩子，喜欢搭积木和阅读。妈妈有一次发了一张带着孩子郊游的照片，可是孩子不是在玩耍，而是坐在椅子上捧着一本书有滋有味地阅读。妈妈：如果就是为了看书，何必开几十公里车呢？公园里有很多新鲜有趣的事物，但是都没有超过书对孩子的吸引力，可见孩子对图书是多么喜爱呀！

当然女孩子也有喜欢读书的，但是大部分是服从性地读，也就是老师布置了阅读任务，女孩子的执行力更强，都会严格按照老师的要求落实，主动阅读的女孩子相对于男孩子来说略少。男女生的比例差不多是 5∶4。

现在这个二年级样本班，一年级时老师并没有培养孩子的阅读习惯，孩子们表现出的阅读兴趣并不浓厚，即使老师给了阅读时间，孩子们在阅读时也不专心，频繁更换图书。通过老师的引导能够安静阅读的同学反而是女孩子多于男孩子。我猜想，男孩子由于性别的原因，天生对新鲜事物更感兴趣，表现出主动探索的精神。而女孩子的性格相对稳重，服从意识强，没有改变的主动性需求。所以女孩子接受新事物要慢，但是时间长了之后，做一件事更容易专注。这个班之所以表现出女孩子更能专注于阅读，不是因为对阅读本身的喜爱，而是出于对老师要求的执行。

我的一个好朋友家有七个年龄接近的孩子，其中女孩子三个，男孩子四个。我曾经对这七个孩子的阅读兴趣和阅读习惯，进行过一段时间的观察和访谈。这七个孩子中，年龄最大的十岁，年龄最小的五岁。这四个男孩子只有最小的一个对阅读兴趣不高，其他三个孩子，在发现书的时候，特别是对自己没有读过的书，发出很愿意阅读的信号。而三个女孩子，在家长反复强调要读书的情况下，才被迫拿起书。

我在教高年级的时候，发现班上男生和女生都有酷爱阅读的，对已经有了良好阅读习惯的学生而言，性别差异反而不是很明显。

通过我的样本研究可以发现，在接触阅读的初始阶段，男孩子比女孩子更容易对阅读产生兴趣，但是随着和阅读的深入接触，通过外界的引导和环境的干预，最终能否爱上阅读并不受性别的影响。由此，我给家长们以下建议：

要充分发挥每个孩子的性别特点，让阅读习惯早养成。男孩子相对于女孩子天生要好动，也许正是这个原因，男孩子对新鲜的事物会更敏感，所以男孩的家长可以早些让孩子接触图书，激发孩子的阅读兴趣。而女孩子属于慢热型，但是做事持久，更容易稳定下来。所以女孩子的家长，在培养孩子阅读习惯的时候，要做到仔细认真，持久引导，协助孩子养成良好的阅读习惯之后再放手。

我发现，男孩子和女孩子除了在喜欢上阅读的时间上有差别，在选择图书类型上也有差别。

低年级时，孩子们阅读内容选择的差异性不是很大。

一年级的孩子一般都是六七岁，这个年龄段的孩子性别意识还不明显。我早年工作的时候，一年级的小朋友在玩捉人的游戏时，男孩子也好女孩子也罢都会闯进对方的卫生间找人，而不觉得难为情。到了中高年级，孩子们对自己性别的意识才会逐步加强。

从孩子的生理成熟角度分析，低年级孩子因为性别差异的自我认知不强，所以在选择图书内容上的差别表现得也不突出。比如都喜欢看童话类、故事类的书籍。

进入高年级后，孩子们阅读内容的选择开始出现性别差异。

1. 高年级的男孩子阅读的内容更广泛，女孩子阅读的内容相对狭窄。

进入高年级后，孩子们大部分是自主选择图书内容和类型，不愿意接受老师和家长的意见。通过我多年的课间观察，发现男孩子阅读的内容更广、更杂，天文、历史、地理、科技、军事等都会成为他们感兴趣的对象。而且在阅读的时候更喜欢彼此参与，边阅读边讨论研究，更像一个探讨的学习过程。在讲述的过程中，能够做到触类旁通，把看到的内容有机地结合起来。而女孩子不大喜欢地理、历史、科技、军事类的图书，大部分都不会翻阅这类书。

2. 高年级的男孩子更喜欢推理性的小说，女孩子喜欢情感类的小说。

我在任教的过程中发现，进入高年级后男孩子更喜欢阅读后交流，一本书可以传阅多人，说明孩子们阅读的兴趣点更接近。男孩子对逻辑性很强的内容更感兴趣，对低年级阅读的童话类的书籍开始不屑一顾，更喜欢有很强思考价值的推理性小说。女孩子对这类书没有强烈的阅读兴趣，她们更喜欢甜美的、幸福的情感类故事。直抒胸臆地表达真善美的梦幻题材更受女孩子的青睐，而男孩子对这类图书反而不愿意多看，觉得幼稚。

3.高年级的男孩子更喜欢不连续的文本和跳跃式内容,女孩子更喜欢有连续性情节的故事类书籍。

进入高年级后的男孩子也喜欢阅读小说,但是不排斥具有科普知识类的不连续文本的阅读,他们更喜欢偏知识内容的书籍,通过阅读,丰富自己的头脑。而女孩子恰恰相反,更喜欢沉浸在故事类小说中。

26 怎样鼓励孩子坚持阅读？

大约十五年前，教委从上到下开始重视整本书的阅读，学校里也开始重视研究推进整本书阅读的教学方法，开展了丰富的教研活动。从学校角度制订整个年级的阅读计划，锁定必须阅读的书目。从教委层面召开现场研究会，指导各个学校从选书、班级读书交流、读书评价等多个维度研究学生整本书阅读方案。

也是从那个时候开始，我把原有的鼓励学生阅读的期待阅读模式，提升为有具体教育措施的引导阅读模式，即通过我的教育干预让学生在原有的基础上提高对阅读的认识，逐步养成阅读的习惯，完善阅读的评价。我力所能及地做了以下尝试：

1. 读书交流会。

最初接触"读书交流会"这个词是因为学校的一次活动。我们学校承办了区级的一个读书研讨现场会，其中一个重要环节就是以班级为单位的读书交流会。所有教师都不知道这个交流会应该怎么开。任务是在一节四十分钟的课内完成一本书的交流。老师们习惯了一篇课文的讲授，对一本书——几百页的内容，如何在一节课中落实，都没有好的办法。但是最后展示得很成功，有的老师立足某一个写作特色带领孩子展开研讨，有的老师抓住整本书的内容展开学习梳理，有的老师深挖书中某一个重要章节。

很多老师在开完这次研讨会后，就把读书交流会丢到了一旁，不再进行深入的研究。而我觉得读书交流会对激发全体学生对阅读的兴趣很有帮助，因此，我继续在班内实行，一个月进行一次读书交流活动。也是通过不断的研究，我发现让孩子们读懂一本书，可以从几个方面考虑。

（1）作者。我当时教高年级，选择的图书大部分是以故事为主的小说。一本成功的小说能够流传于世，与作者的写作技巧是分不开的。可是很多时候，孩子们自己阅读过后，连作者是谁都不会关注，更不会思考作者写这本书的时代背景。所以引导学生研究作者就是一个重要的环节。

具体可以从作者的出生年代、代表作品、作品的特点、创作原因几个方面进行研究。

（2）一本书的背景。一些具有特殊意义的书，一定是在特定的环境下诞生的。结合历史，研究书的背景有利于学生更好地理解书的内容。

（3）故事的梗概。一本厚厚的书要把它读薄，就要抓住书中故事的梗概。什么是故事梗概，简单地说，就是故事讲了谁在什么地方干了什么。从一年级开始老师们教学生说话，就是这样的结构，虽然简单但是可以把一件事情表达清楚。因为是一本厚厚的书，肯定不是几个词所能概括的，好的故事肯定是一波三折，把每一波概述清楚，连接在一起就是梗概。

叙述梗概可以提高学生的逻辑性。很多孩子读完一本书表达不清楚书讲了什么故事，就是没有形成这种概括的能力，自然在写作和表达的时候，逻辑性也不会很强。

（4）最感兴趣的部分。我以前觉得一本书让人最感兴趣的肯定是高潮部分，但是和孩子们交流了几次之后，我发现自己的想法是错的，孩子们的行为也验证了每个人读同样的一本书收获是不同的。但是一本书，只要是精心阅读，就一定会有喜欢的部分。说说自己喜欢某一部分的原因，把原因表述清楚，是检验学生读一本书是否有收获的重要标准。

（5）挖掘出一本书的思想精神。古有秦始皇焚书，就是因为阅读可以改变一个人的思想，也就是书籍承载了一个时代，一个作者想要诉说的心声。这个对小学生来说有一定的困难，作为老师，就要结合前文几点学生能够弄懂的部分，引导学生明白一本书的思想是什么。

最初在上交流课的时候，我和平时一样作为主讲老师。后来我发现，我的备课总是和孩子的理解有差距，我就大胆地启用学生作为主讲人，把一本书中的内容分成几个板块，由学生主动认领，由学生设计并制作演示文稿，在课堂上由学生作为主导参与交流，孩子们表现得非常出色。原来没有了老师的参与，孩子们更加放松，而且因为水平相近，对分享内容理解起来更容易。

2. 读书效果考核。

读书交流会，我连续举行了三届。每一届学生经历了一两次的读书交流会后，对读书交流会的模式都能够一清二楚，在这种情况下参与的热情会有所下降。在这过程中，我还采用了辩论赛的形式，开展图书交流会。模式的改变，会再一次激起学生的热情，但是读书要靠外界的刺激，总归不是我想要的状态。在第四届学生实验的时候，我又做了改进：把读书交流会分为两部分，一部分还是交流，而另一部分改为试卷的方式进行考核。

每次参与主研讨的学生数量毕竟有限，要达到百分百地让学生参与，课堂时间是有限的，我就把需要同学参与的部分用试题的形式展示出来。每次的试卷也不是我出题目，而是学生从作者和作品两个角度出十道题。这十道题又以六道选择题、两道判断题、一道解答题、一道开放论述题的形式组成。

这样做的目的是为了带动更多的同学参与到读书互动中去，每次所有人都可以参与出题，然后我从同学出的题目中选出题目，进行考核。这样做无论是读书能力强的孩子，还是读书能力弱的孩子，都可以参与其中，给了很多阅读习惯并不好的学生很大的鼓励。为了让自己的试题被选中，他就要认真地阅读。

在后期，我又把评价规则进行了改革。在小学阶段，我见到的所有情况都是老师给表现突出的孩子发奖品，奖品大部分是老师自己出钱购买，少量是学校提供，也有个别奖品来自家长捐赠。看到这些五花八门的奖品的时候，我就在想，为什么要给孩子奖励？仅仅因为他们表现突出吗？成人是通过劳动获取所得，孩子就要通过表现好获取所得吗？我觉得这样的教育是不妥当的，要让每个孩子在接受学校教育的时候就懂得，不劳动是没有收获的。

我在班里建立了读书委员会，每次选出一名会长，他负责整个读书交流会的全部流程，包括奖品的收集。每次设立一个奖品捐献大员，即奖品由学生捐献。但是对捐献的奖品有要求，需要孩子用家庭奖励金购买。这样就把阅读活动和孩子的劳动教育、金钱观的建立联系在一起了。

3. 读书成果展示。

我教低年级后，继续举办读书交流会，但是因为孩子阅读能力还相对较低，比起在高年级举办就困难得多，我开始思考该怎么办。在和孩子们的密切接触中，我发现低年级的小朋友更喜欢画画，而且还喜欢把书中的人物或者动物画出来。我决定把读书交流和孩子们的绘画结合。一年级刚刚开学三个月，第一次交流，我就让每个孩子画一张画，画的内容只要和自己阅读的书相关就可以。

我印象最深的是，一个小朋友居然交了一张涂满黑色颜料的画纸，我让他讲解这张画的内容，他说："这是魔法师施了魔法之后，把整个城堡都变成了一个黑暗世界。"看，孩子是把自己阅读的内容结合自己的理解展现了出来。这一次的成功，给了我信心，原来孩子是能够读懂书的内容，并且可以用自己的方式表达的。

我把孩子们的绘画作品一一展示在黑板上，然后让孩子们逐个加以讲解。这样把绘画和阅读紧密结合的方式，很适合低年级的小朋友。

孩子们大一点之后，他们可以借助语言表达自己的感受，就让他们给书中的人物写封信。孩子们的语言真诚、有趣，让我看到了一颗颗热爱阅读的心。

读完一本书给我们留下了什么，我认为是一件很重要的事。我有一个很好的朋友告诉我：遇到事情脑袋转三圈。他是告诉我不仅要做事前三思，做事中更要多思多想。同样，我们做完一件事，也需要"脑袋转三圈"。读完一本书找到一种适合自己孩子的方法，对整本书进行梳理反馈是一件非常有意义并且重要的事情。

27 为什么读了很多书，还是不会写作文？

很多家长问过我这个问题：为什么孩子读了很多书，但是不会写作文。

我先结合自己的经验和家长交流一些有关写作的感受，然后再看阅读对写作到底有什么影响。

我在小学三年级的时候，喜欢上了朗诵。我们的语文老师是一位退伍老兵，还是一位炮兵，他有点听力不好，说起话来就比一般人声音要大。也正因此，别的老师读得软绵绵的文章，他读起来铿锵有力，我很爱听他读书，因为和我们以往的朗读方法截然不同。那时我很不自信，不敢当着大家的面像老师那样读书，我就跑到池塘边，对着水面开始朗读，我的听众只有水里的小鱼、小虾和岸上悠然吃草的牛羊，还有天边硕大浑圆的落日，以及被落日染红的晚霞。有这些好的听众，我的声音越来越大，朗读的水平也在逐步提高。

读着读着，最初我只是用自己抑扬顿挫的声音去表达每一个字的含义，但是后来我发现每一句都有自己的位置和分量。我反而不再大声地读书，而是开始静下心来思考每句话，也许是受文字的影响，我觉得我内心开始蠢蠢欲动，有很多话想说，我开始和小鱼说话，和小草聊天。

不知不觉我把和它们说的话记在了本子上，一天、两天、三天，很多天后，我即使不去池塘边，也能感觉到这些朋友的存在。我开始习惯把我看到的、经历的事情都用笔写出来。

也是那几年自我的内心对话，让我更愿意对一些事物多看几眼，哪怕是一片树叶、一棵小草、一条小鱼、一片云，我也会对着它久久地发呆，仿佛那是有着鲜活生命的人。我可以透过叶脉感受到叶子的血液流动；我可以看到小草腰身的摆动感受它的美丽；我可以用一两个小时观察云慢慢地从一大朵分离成若干片，感受云的悲欢离合。通过这些不停的观察、不停的想象，我一下多了很多朋友，我有了更多想说的话，没有合适的听众，我就记在本子上，慢慢地观察——书写就成了我的一种生活乐趣。

转眼我上了初中，我书面表达的愿望更加强烈。同学欺负了我，我把眼泪留在本上；老师批评了我，我把委屈藏在本上；妈妈给我买了新衣服，我把喜悦刻在本上……不知不觉，用文字表达已经成为我的一种习惯。

又过了三年，我上了师范，一间小小的寝室住着八个人，我的生活一下子变得嘈杂了，可是我习惯了安静的环境，内心一下子变得很苦闷，这种苦我也把它记在了本子里。

我一直以来的理想是成为一名写小说的作家。有一次，我的一位作家朋友问我："你为什么喜欢写小说？"我回答："我喜欢文字表达的方式，从小记日记的习惯，让我享受这种安静的和自我对话的过程……"她打断我，说："不用说了，我知道你为什么会想写小说了。"

也正是有了这样的梦想，所以我一直保持着用笔表达的习惯。而我之所以有话可说，有内容可写，不是因为我看了多少书，而是因为我内心有话要说。之所以要写作，是因为我看到很多东西，想到很多东西，我写出的每一个字，都带着一幅幅的图片。很多次在给孩子们上作文课的时候，我和孩子们讲："你要把每一个动作放慢，要把你看到的事物像拍电影一样，一帧一帧地来放。"

我给学生演示简单的拿笔的动作，我问孩子们：老师做了什么？几乎所有的孩子都会说：老师拿起了笔。我把这个拿笔的动作拆解给孩子们看：首先我举起手，我问孩子们，我在做什么；然后我伸出手，我继续问；接着我把手放在笔上，我继续问；之后我用手捏住笔，我继续问；最后，我把笔拿起来。孩子们看了都激动得要举手发言。很多同学立刻明白了如何去观察生活。就是要把生活的每一幅画面，放慢，放慢，再放慢，在这个过程中用心去记住这些画面。

在我看来，写作和照相一样，要把生活定格成画面。我每次写作的时候其实就是在脑海里放电影的过程。

很多孩子写作的时候，脑子里没有画面感，没有观察生活的经验，没有自己的内心感受，自然也就无法用语言来表达自己的情感。这样一说，似乎阅读和写作没有直接关系，这样的理解肯定是错误的，阅读和写作有着更高层次的关联。

关联一，阅读可以丰富读者的世界。有一次，我和一位很著名的编辑朋友讨论：阅读对一个人的影响到底有多大？他说："阅读从短时间看，对一个人的影响并不大，特别是写作方面，但是长远来看，对人的影响非常大。"我非常认同他的观点。

回顾自己教过的学生，学习优秀的学生，百分之百是热爱阅读的。而且这些优秀学生中对阅读有着痴迷行为的在中高考中不仅表现突出，而且大多没有经历非常艰辛的备考。

有一年我的一个学生高考结束了来探望我，我问她考得怎么样，她很轻松地回答我，考入自己想去的学校应该是绰绰有余。我非常吃惊，问她："为什么不全力以赴考清华呢？"（她选择的学校也是国内知名的 985 学校）她笑着说："我不觉得一个人非要把所有的精力都放在学习上。"我听了哈哈大笑，还不满十八岁的她已经对自己人生有了清晰的规划，"那你用了多大的力量在学习上呢？"她说："我觉得我拿出了六成的力量，因为我觉得除了学习之外我还有很多自己喜欢的事情要做。"

这个小姑娘，在小学阶段，就是读书不倦，十几年的阅读，让她具备了合理分配自己时间和精力的能力。对她来说，阅读已经打开了很多扇通往更广阔空间的门。

我还有一个学生，中考满分是 570 分，她考了 564 分，进入北京市重点高中后，竟然召集有同样兴趣爱好的同学组建了自己的第一支乐队，她在乐队中担任主唱。高中三年很多老师口中念叨最多的就是："时间紧，内容多。"而这个孩子在不耽误学习的情况下，每周都拿出时间进行排练，最终如愿以偿地考入中国传媒大学。

这个孩子在六年级的时候，疯狂进行阅读。那个时候，其他同学写出四百字的作文都很苦恼，对她来说，一节课写出一篇千字文不在话下。她的文章字迹娟秀，行云流水。

阅读可以让人了解不同的世界，不仅开拓视野，而且让思想更加成熟。

关联二，阅读无形中积累大量的汉字。在长年的观察中，我发现，有着良好阅读习惯的孩子写错字的概率要低于不爱阅读的学生。现在学生的作文质量差，其中一个重要原因就是错别字超级多。一篇三百字的作文，圈出几十个错别字的不在少数。而错字量大的孩子，往往没有良好的阅读习惯，即使偶尔阅读也是以漫画类的碎片化阅读为主。

大家都知道我们常用的汉字就是六千个左右，而在这六千字中反复出现的就四千个左右。一本书即使几十万字，实际上也是这几千字来回使用，如果一本书以十万字计数，一个孩子从小学二年级到高中的这十年的时间里，每年阅读四本书，就是四百万字。4000000÷6000=666，一个孩子在十年里和常用汉字反复见面666次！一个有着良好的阅读习惯的孩子，一年绝对不止四本书的阅读量，那么这个孩子一年就能和这些常用汉字反复见面二三百次。

作为一名老师，我可以很负责地说，反复地和知识见面才可以达到熟练的程度。这就是我们经常说的只有量的积累才会引起质的变化。

在我以往的教学中，有阅读习惯的孩子错字率很低，包括标点的使用正确率可以达到百分之百。

我儿子也有很好的阅读习惯。我回顾儿子学习语文的历程，他从未问过我某一个字怎么写，他的作文也许有很多问题，但是很少出现别字和错字。

关联三，阅读可以丰富想象力。写作依靠的是什么？第一是观察，第二就是想象。不观察的人是无论如何都写不出好文章的。我有一个非常上进的学生，他妈妈对他的学习要求也非常严格，从小到大，妈妈给他安排了很多学习任务，到三年级的时候，他的学习成绩就变得优秀而稳定了。他学习了奥数、网球、篮球、英语、阅读、机器人等许多课程，也有良好的阅读习惯，但就是这样优秀的孩子，到了五年级的时候，写作文成了难题，原因是没有素材可写。因为这个孩子把所有的时间都放在了上各种课上，没有时间去观察生活。尽管他每周都去打网球，这个过程中一定会有故事发生，但是四五年如一日地参加同样的活动，已经让他失去了观察的动力。

没有生活的人没法写出优秀的作品，没有想象的人更无法写出优秀的作品。这些画面是我们在观察生活之后，通过自己的想象把它们存储在大脑里的。没有想象的文字就如枯竭的泉水，是不会有生命力的。

在阅读过程中，我们可以借助作者的描写把这些汉字转化成画面，并储存在大脑里。更关键的是，每一部文学作品在诞生的时候，它已经是作者想象力的展现了，而读者是在作者一次想象的基础上，进行了二次想象，那么获得的更多。

每一次阅读都像在无限的宇宙中遨游，无拘无束的同时，发现了生活中不同的美丽。

综上所述，会写作不会因为热爱阅读就直接实现，但是有了阅读一定会让自己的写作更加精彩。

28 为什么读了很多书，阅读考试的成绩却没有提升？

随着语文教育的改革，阅读在试卷中所占的比重越来越大。比如到了小学高年级，语文基础知识占百分之二十左右，阅读占百分之四十左右，作文占百分之三十左右，还有大约百分之十是学生的平时成绩。阅读占比百分之四十，可以这样理解，阅读要是扣分多，孩子要达到优秀标准就会很困难。

近几年很多家长朋友找到我，说自己孩子的语文学习困难，让我帮他们想想办法。我翻阅孩子的平时练习和试卷发现，这部分学生大概分为两类。一类是基础、阅读、习作都很糟糕，这类学生存在语文学习障碍，需要从基础着手提升语文学习能力。一类是阅读大量扣分，作文成绩能够达到二类以上，这类学生基础知识掌握得较好；作文成绩不突出，但是还没有出现拉分的现象；主要问题出在阅读，一篇阅读有五道题，孩子会从第一道题就出现错误，但是每道题又不是全错，如果每题分值是三分孩子可以拿到一分或者两分。用家长的话说："太不用心，每道题都丢一点点。"孩子是不用心吗？当然不是！

以六年级的一篇阅读为例：

"呜——"前方传来了一声汽笛长鸣,我探出头往前一看,车头正带着我们转弯,弯道旁站立着一位老工人,<u>他虽然戴草帽,可是身上的汗水仍然像许多条细细的小溪往下淌,那光着的上身显得油光滑亮,好像是用紫铜铸成的,他的手里,举着一把铁锤,正微笑着向我们致意。</u>

文中画"____"的句子是(   )描写,这样写的好处是(   )。

这个问题涉及人物描写的方法。在人教版五年级语文课本中有"人物描写"这样一组课文,选取了文学作品中非常典型的几个人物描写片段,让孩子感受人物的性格可以借助人物描写。选文中的这句话就是对人物外貌、动作和神态的描写。我们把这句话细分:"他虽然戴草帽,可是身上的汗水仍然像许多条细细的小溪往下淌,那光着的上身显得油光滑亮,好像是用紫铜铸成的。"这句是对修路工外貌的描写,从"小溪、油光滑亮、紫铜"感受出这个工人由于长年在铁道上工作,皮肤已经变得黝黑发紫,流淌的汗水让后背也变得油光滑亮。体现出铁路工工作的艰辛。"举着一把铁锤,正微笑着向我们致意。"这个"微笑",起到了画龙点睛的作用,一个不怕艰辛而乐观的劳动者的形象就跃然纸上了。

这样一段话把一个长年辛苦工作又乐观的铁路工人描写了出来。

题目的答案就是:文中画"____"的句子是(外貌、动作、神态)描写,这样写的好处是(生动地刻画了一个辛苦工作、乐观的铁路工人)。

解答这道题目的时候,同学常犯的错误有三点:第一,人物描写找得不全,只关注外貌描写;第二,不会借助人物外貌的描写,结合自己的生活实际展开想象，找不到合适的词语概括人物品质；第三，不能联系上下文全面地概括人物品质。

这样一道阅读题，根据我的经验失分率要在百分之二十左右。而大部分失分的学生不是全部错误，而是因为丢点而扣分。

同学们为什么不能全面准确地解答题目呢？我认为：

1. 受社会经验的限制。把文章和生活联系到一起对学生来说是一件很难的事情。有一年我给五年级同学讲《卖火柴的小女孩》，在整体感知的质疑环节，一个小同学就提出了问题："老师，什么是煤呀？"一个生活在城市中的五年级的孩子不知道"煤"，其实很正常，因为孩子没有接触煤的机会。我举这个例子是要告诉家长，对我们成人来说很简单的问题，对孩子来说很难理解。

我经常会得到家长这样的反馈：这么简单的问题，怎么就不会呢？是呀，对于家长是简单的，但是对学生来说有可能就很难。比如短文中的铁道工，孩子不懂他为什么皮肤会光滑，更不会理解在阳光下工作是一种很辛苦的事情。因为孩子们没有这样的经历，他们很难感受到辛苦，更不懂在骄阳下即使戴着草帽也会很热。很多时候，老师把一道题讲了很多遍，孩子还是理解不了，就是因为他们没有这样的生活经历。

有一次，一位老师在上《朱德的扁担》这节课时，真的给孩子们拿来了一根扁担，想让孩子利用课间感受一下挑重物的艰辛。从来没有见过扁担的孩子们异常兴奋，都争抢着体验，觉得有趣极了。而到学习课文的时候，很多孩子谈的不是朱德如何辛劳，而是觉得朱德挑着担子很有趣。

2. 形成阅读能力需要方法的引导。

因为小朋友们马上要期末考试了，朋友带着自己六年级的儿子在家里借助试卷复习。有一种题型是概括文章的主要内容，孩子写了两篇都和答案不同，妈妈和孩子说了好几遍："你看看这篇文章主要写了什么，这就是主要内容呀！"孩子很用心地看了又看，最后概括的还是和答案相差很远。妈妈没办法了就找到了我，借助视频我看到了孩子的问题。

概括文章主要内容的方法主要有以下几种：

第一，抓事件的六要素。从时间、地点、人物、起因、经过和结果六个方面进行概括。这样的方法从第一次接触什么是一件事开始，老师就会渗透给学生，学生背口诀能够朗朗上口，但是在实际操作时错误却比较多，因为"经过"很难用一句话概括出来，特别是到了六年级，故事过程复杂，还要考虑一些必要的环境要素等，孩子概括就会不全面。

第二，借助每一部分的主要内容。篇章是由段落组成的，一篇文章由若干自然段组成。这些零散的自然段落，又可以根据内容组合成逻辑段落。每一部分的逻辑段落孩子理解了，把其内容概括出来，合在一起就是一篇文章的主要内容。可是殊不知，对学生来说把自然段概括为逻辑段已经是一个难点，在实际应用中孩子们很少用这样的方法概括一篇文章的主要内容。

第三，借助关键句概括主要内容。关键句指文章的中心句，包括起到引领全篇作用的总起句，还有起到每部分概括作用的总起句；起到概括全文作用的总结句；起到承上启下作用的过渡句。这样的句子都具有高度概括的作用，如果文章中有这样的句子，概括一篇文章的主要内容就变得简单多了。

第四，借助关键词概括。关键词在小学二年级的阅读中就开始渗透。词语形成句子，句子形成段落，段落形成篇章，往回看词语才是文章的基本单位，如果找到每句话、每段话的关键词，就可以抓到主要含义。而且圈画关键词的方法是从句子入手，概括过程中更不容易丢点。

但圈画内容比较多，需要孩子能够认真思考。

一个主要内容的概括都有这么多的方法，并不像妈妈说的那么简单。即使会了方法，还需要通过无数次的反复练习，才能把方法通过实际的应用形成能力。

试卷上的每一道阅读题都是有答题技巧和方法的，因此需要在课堂上认真学习，借助训练把方法练熟，通过多次反复形成好的应试能力。

高年级语文试卷阅读考察的内容可以分为：整体感知、提取信息、做出评价、形成解释。每一部分都有解题的具体方法。不是孩子简单地读了一些课外书就能够熟练应对的。但是具有良好阅读习惯的孩子在应试中一定比没有阅读习惯的孩子成绩要高，这是因为：

第一，阅读可以提高孩子对文字的敏感度。我昨天看了一篇有趣的文章，一个校长用了两年的时间做了一项实验，实验对比组中的一组看普通的文学作品，另外一组看经济学的相关书籍。在两组人员看书数量相同的情况下，两年后两组学生有着很大的差异性。第一组只看文学作品的孩子，文字表达能力比较好；第二组孩子同样具有良好的文字表达能力，同时还具有很好的理财能力。由此可见，无论阅读哪类书籍，孩子阅读文字的能力一定会相应提升。所以有长期阅读习惯的孩子，对文字的理解程度要高于没有阅读习惯的学生。

我工作中的数据也是这样的。有良好阅读习惯的孩子，在解决试卷上的阅读题时能力明显比没有阅读习惯的孩子要高。我有一个考上复旦大学的学生，他在小学就养成了阅读的习惯，表现出很强的语言理解能力，每次语文试卷中的阅读题他基本都不丢分。

第二，阅读的速度更快，节约答题时间。速度是练出来的。我刚毕业的时候在一所农村小学工作。老校长发现学校的很多学生没有吃早饭的习惯，担心孩子们的身体，就组织教师每天早到校给孩子们蒸包子。十七岁就工作的我，在家里根本没有做过饭，是负责发面的看门老师傅教我包包子，从包出第一个包子开始，我每天包包子的速度都在提高。最后在流水线上我五分钟可以包二百多个包子，速度是可以练出来的。

同理，阅读速度也是可以训练的。长年阅读的孩子就会比没有阅读习惯的孩子读书快得多。我记得今年上高三的这届学生中，有一个淘气的男孩子，他特别爱看书，一本厚厚的《红岩》他一周左右就可以看完。阅读速度快，考试时就会节约大量的时间，从而有更多的时间进行思考。而很多孩子到了高年级后无法在规定时间内完成试卷，因为高年级试卷有多篇阅读，平时没有阅读量的积累，阅读速度慢就会导致时间不够用。

第三，阅读障碍更少，更容易理解文章的含义。

一位六年级的小朋友做一道阅读题：在《三国演义》中，你最喜欢哪个人物，谈谈你的想法。他回答的是喜欢"关羽"，因为关羽忠义仁勇……然后洋洋洒洒地写了好几行。

阅读多的孩子，会发现相似或者相同的内容在不同的书籍中反复出现，熟悉之后孩子的社会认知会逐步提升。所以在考试中，他们比没有阅读习惯的孩子对文章的理解更容易、更轻松。

作为家长，不要怀疑阅读对提高孩子成绩的帮助，而且这种帮助越到高年级越大，进入初高中乃至大学会更突出。